Rainer Sauer, geboren 1963 in Karlsruhe, seit 1995 als spirituel-ler Lehrer tätig.

Rainer Sauer

Das Gedichts-Büchlein

Februar 2021-Rainer Sauer

Herstellung und Verlag: BoD - Books on Demand, Norderstedt

Printed in Germany

ISBN: 9 783753 404202

Hunger, Hunger, schreit das Baby ohne Scham, ganz wortlos

Pur Stillung, ist die Mutter unmittelbar, gleichermaßen fraglos

Doch was geschieht, wenn das mütterliche Stillen, nicht erfolgt

Was ist dem Kinde möglich, welch Antwort nur, dem Kinde bleibt

Gewiss, Flucht und Angriff, ist ihm natürlich, gebürtig ureigen

Flucht in Sterben der quälend Gefühle, Angriff in stete Kontrolle

Zu fliehen, wenn das Leben sich zeugt, gar die Liebe Blüte zeigt

Im Angriff zu fordern Symbiose, die leidend Abhängigkeit erweist

Ich sterbe, bevor ich lebe, kollabiere resignierend in den Mangel

Oder ich entscheide mich zu leben, alleine, ich brauche nichts

Die Gier zum einen, tritt dem Mangel entgegen, giftig Übermass

Bedürfnislosigkeit, niemand zu brauchen, nennt sich hier Freiheit

So überlebt das Kinde, dem kleinen Tod bereits hingegeben

Oder im stet Beschäftigtsein, das Leben zu halten unter Kontrolle

Gewiss, beides mag ihm nicht geben, wonach sein Streben sinnt

Sein, in der Fülle, vom Leben gestillt, sich von Vertrauen getragen,
sich selbst dem Leben geschenkt

Ich kralle mich fest, am dünn Faden, der Kontrolle Sicherheit

Aus Angst loszulassen, zu fallen, in die Tiefe des eigenen Nichts

Fest halte ich mich mit Kräften, am Faden der mich aufrecht hält

Aus Angst Haltung zu verlieren, dem Hoffnungslosen ausgeliefert

Halte fest am Glauben, nichts zu bekommen, wenn ich loslasse

Obwohl ich weiß, das ich getragen bin, wenn ich den Griff löse

Längst weiß, das mir nur eines bleibt, loszulassen ins Unbekannt

Gewiss weiß, das es nur einen Ausweg gibt, hinein ins Vertrauen

Welch Ironie, das ich trotz des Wissens, dennoch machtlos bin

Ich mich wiederum auch wieder find, in der nächst Sekund, in frei
Aufmerksamkeit, befreit im Nu

Stabilität, der Ruhe natürlich Gefäß, ist mein Bedarf

Stützend Festigkeit, der Liebe Halt, ist meine Notwendigkeit

Gehalten in der Stabilität in Gewissheit, erleb ich Verbundenheit

Stabilität, ein zart Geflecht, das flüchtig Geist Zuhause schenkt

Nur in ihr find ich zur Ruh', finde zum Ort der inneren Stille

Finde das Angekommen sein, Hier und Jetzt, vom Fliehen befreit

So gewiss, ganz bei mir zu sein, sogleich ganz bei dir, im Einen

Dies ist der Stabilität Urgrund, ist Liebe, nennt sich wahr Daheim

Des Menschen Leben ein Sämlein, das zum Baume gedeiht

Baum im Walde der Menschheit, im Frühling keimt, Blätter treibt

Im Sommer zur Blüte gelangt, sich blühend Freundschaft erfreut

Blüte für Blüte, Freund für Freund, sich in Gemeinschaft reiht

Im Herbste Baum des Lebens, jed Blatt sich auch mal scheidet

In jedem Herbst, Blatt um Blatt sich löst, vieles Abschied nimmt

Abschied nehmend, man lieb Freund, in den Winter ziehen lässt

Mancher im Frühling wiederkommt, andere in der Ferne bleiben

Mögen Jahre vergehen, Jahresringe, im Dutzend dies bezeugen

Es kommt die Stunde, erlebt den eigenen Winter und stirbt

Das Gesicht der Welt blickt mich an, Tag für Tag, jed Sekund'

Unermüdlich schaut's mir in die Seel, den Blick niemals gesenkt

Stets auch ich, schaue in die Welt hinein, selektiv, teils erblindet

Mein Blick ist unentwegt gerichtet, in die Welt, die mir erscheint

So treffen sich unsere Blicke sekündlich, im Jetzte verschmolzen

Ineinander Schauend, werden wir zum Sehenden, dem Einzigen

Liebeslicht sich in mir entzündet, zum loh Balle sich gebärt

Über mich hinaus diese Liebe wächst, größer als ich sie je erfuhr

Gewiss, eilig ich sie verbind mit deinem Du, mit der Liebe zu dir

Ahne doch jetzt, es ist die Meine, Liebesfähigkeit die ich besitze

Jener Liebe bin ich begabt, von Geburte, bin sie selbst, gar ewig

Nun sehe ich, die Liebe strömen, unbegrenzt, zu Mir, zur Welt und nicht zu letzt, zu Dir

Die Angst ruft, Gefahr Gefahr, verschränkt die Arme per se

Brüllt laut Verschlossenheit, verschlossen gegenüber dem Leben

Der Tonus, die Spannung erhöht, in Alarmbereitschaft sich wähnt

Alles ist stets bereit zum Sprunge, obgleich nichts geschieht

Die Angst sagt Gefahr, Gefahr, kein Einlass für bedrohlich Lieben

Erst in Sicherheit wissend, schenkt euch dem tödlichen Leben

Doch das Leben wohnt im Jetzt, es ist ein Kommen und Gehen

Wer stets wartet darauf, dass es sicher ist, verpasst das Leben und träumt nur davon

Das Jetzt hat keine Geschichte, gesichtslos, frei von Historik

Jetzt ist nur Jetzt, ungebunden von Vergangenheit und Zukunft

Nun dem zum Trotze, hängt der Mensch gerne Vergangenem an

Die Zukunft impft er eilig mit Geschichte, die sich gar erfüllen soll

Der Mensch wähnt sich oft gefangen, in einem Bilde gebunden

Erlebt Gefangenschaft in Begriffen, in Zukunft, in Vergangenheit

So ist Geschichte, beglückend, oder erschreckend, ganz einerlei

Wir mögen ihr glauben, oder Ungläubige sein, tun, oder nichts tun

Frei ist nur das Jetzt, wenn wir Geschichtslosigkeit empfinden

Letzt bringt uns jede Geschichte heim, ob wir wollen oder nicht

Der Wahn hat keine Heimat, hat keinen Ort, hat keine Zeit

Des Wahnes Sinnen kommt und geht, wann es will, unverhofft

Gewiss, im Zweifel, im Misstrauen ebenso, gedeiht er mühelos

Doch auch im Paradiese findet er Lücke, findet sein Schlupfloch

So ist der Mensch nie gefeit, entgegen unangekündigt Besuche

Doch sei auch dem Wahne erinnernd gesagt, die erlösend Liebes-
kraft, steht ebenso allzeit bereit

9

Oh du liebst Resonanz, gibst Antwort, einfach und klar

Unbarmherzig Gesetz, du, bringst alles zum Klingen

Magst Wohlklang schenken, oder gibst Unstimmigen die Stimme

Dein Echo ist stets makellos, Unverfälschtes sendest du zurück

So ist ein Tönen recht isoliert, deine Antwort ist gleich ungerührt

Der Klangvielfalt entgegnest du im Nu, mit einem groß Konzerte

Nun mag auch hier recht oft, der Schein des Wohlklanges trügen

Klangvielfalt ist nicht Kreativität, wiederkäuen ist hier nicht selten

So, deine größte Freude liegt darinnen, genährt, erkannt zu sein

Wenn Töne, das Glockenspiel, der Glockenspieler dich erhören

Wenn sie dich empfinden, von dir verwandelt, Neues entbinden

Mit dir im lieb Zusammenspiele, eine neue Symphonie erfinden

Der Mensch denkt und fühlt sich, seine eigne Welt

Gedanken, Gefühle, nennt er hier sein eigen Ich

So verkörpert er dies sogenannt Ich, ganz und gar

Erweitert das eigen Verleiblichte, gar zu seinem Umfelde

So findet er sich wieder, im Spiegelkabinette, das er selbst schuf

Sieht in jed Spiegelbild reflektiert, sein wundes Sein, eignes Mich

So schläft er im Spiegelsaale des Truges, glaubt das Gesehene

Bis er letztendlich aufwacht, aus diesem selbsterklärend Traume

Der Mensch so denn erwacht und das Illusionäre wahr erblickt

Dinge klarer sieht, sie fühlt, annimmt, sie frei lässt, mit Respekt

Sie als dienend würdigt, ihre Spiegelfunktion erkennt

Die Wahrheit sieht, dahinter, darunter, in der Tiefe seines Seins

Er aufwacht im Spiegelsaale, selbstbestimmend gehen kann

Begegnend, der Realität seines Herzens, geführt, geleitet, im Jetzt
durch das Selbige

Ruhepunkt, gewiss, du wohnst im Hier und Jetzt

Ruhepunkt, hier bei dir angelangt, braucht es keine Veränderung

Hier ist das Verändern nicht von Nöten, ist nicht einmal möglich

Denn hier mittig von allem, ist alles wie es ist, ist unveränderlich

Bei dir, kommt alles zur Ruh, findet sein natürlich Angenommen

Hier ist die Wahrheit, einfach und klar, ist ruhig und offensichtlich

Fürwahr die Wahrheit als solches, zeigt hier offen ihre Grenzen

Offenbart dem Menschen, Alles, und doch nichts, zu wissen

Das Leben gibt und nimmt, ist einfach nur die pure Fülle

Bedrohlichkeit im Menschen herrschend, ernennt es zum Feinde

Alles, gar alles, erlebt der Mensch als Bedrohung seines Lebens

Kämpft und flüchtet in einem fort, erwartet, sucht das Feindliche

Fraglos. er findet Feinde im Überall, gar im Lebensnotwendigen

So erlebt er alles als gefährlich, dem er entfliehen will und muss

Überspannt sind alle Muskeln, jed Sekunde bereit zum Sprunge

Wütend ist der Drang des Tuns, getrieben wird er aus Momenten

Alles wächst zur Unerträglichkeit, ruft zum entfliehen, entrinnen

Gar Langeweile kann ihn da plagen, als ob der Teufel in ihm wäre

Ein harmlos Gefühl, ein bloßer Gedanke, treibt ängstlich voran

Durch Lebensgefahr erlebt im Innen, alles grauenvoll erscheint

Der Fluch verliert an Kraft, wenn der Mensch im Jetzte landet

Atmet und spürt, die Realität erkennt, das er nun in Sicherheit ist

Ängstlich agiert der Mensch, in der Welt mit naiv Kontrolle

Ist scheinbar allein Besitzer, der Macht über sein Leben

Seiner kindlich Spielerei nicht bewusst, leidet er so am Versagen

Da er angsterblindet nicht sieht, das er nicht kann, nicht muss

Nicht sieht, das all was er tut um sich zu retten, gar ausweglos

Letzt ist, was ihn schmerzt, in seinem Kampf gegen Windmühlen

Losgelassen, all seine nutzlos Zappelei, dem Leben hingegeben

Erfährt er, wie das Leben einem mitnimmt, mühelos, behütend

Zwischen allen Ja und Nein's, all den müssend Entscheidungen

Stets liebende Kräfte ohne sein Beitun, dafür Sorge tragen, das alles zum Ziele führt

Oh himmlisch Vater, dein Wille geschieht

Alles fügt sich in jed Augenblicke zum Besten, in deinem Sinne

Der Mensch mag ziehen von Sinnen, von einer Seite zur Anderen

Doch du ordnest letzt alles an, in des Menschen sinnvoll Mitte

Des Menschen Glauben, das er verloren kämpft ums Überleben

Lässt ihn oft hoffnungslos, in Verzweiflung, suchen sich selbst

Angekommen im Jetzt, darf er erkennen, das Alles bereits da ist

Das kein Leisten von Nöten ist, nur Loslassen, es dir übergeben

Die Angst vorm Tode, ist was letzt den Menschen bestimmt

Todesangst liegt all seinem Handeln zu Grunde, bis er erwacht

Das Leben ist ihm so bedrohlich, jed Atem scheint ihm gefährlich

So lebt er oft in einem unsicher Raume der Gefahr, seit Geburt

Sein natürlich Bedürfnis ungestillt, erlebt er gar als Todesangst

So lebt er stets in einem treibend Muss, das Stillung sucht sofort

Glaubt auch zu wissen, sich so schützend, dass er alleine muss

Sich zu binden, zu vereinigen, ist ihm sogleich eigne Auflösung

Erst erwacht aus diesem Alptraume, das er Überleben nennt

Kann der Mensch frei das Leben wählen, sich ihm schenken

Erst hier mag er erkennen, das er bereits gestillt, in Fülle ist

Doch Obacht, sagt man nicht auch, aller Anfang ist gar schwierig

Trauer, ach du wehend Schmerz des ungeliebt Loslassen's
Rufst nach frisch Atem, rufst die Hingabe der Ausatmungszeit

Trauer, du willst nur unser Bestes, willst das wir in Liebe ruhen
In Liebe ziehen lassen, was längst der Vergangenheit geschenkt

Tust weh, wächst zum Leiden, so der Tonus bleibt im Festhalten
Zeigst Gesicht der Güte, wenn man das Gehende ziehen lässt

Welch Absurdität, in der Warterei, liegt verborgen eine Ruhe
Das Warten auf irgendwas, schenkt einem Ziel und Sinn zugleich

Der Unendlichkeit, dem Ewigen, ganz ziellos gegenüber gestellt
Erlebt der Mensch sich identitätslos, erlebt sich als verloren

Ein Ziel gibt ihm, mag es auch unerreichbar sein, gewissen Halt

Ist Schutz, im überschaubar Raume, im großen Raum der Leere

Das Warten auf irgendwas, bringt fliehend Beine zum ruhen

Das Warten lässt ihn anhalten beruhigt im Hier und Jetzte, in der Illusion von Sinn und Zeit

In der Mitte meiner Mitte, ist der Mittelpunkt im Nichts

Hier wo sich treffen, die Balken des Kreuzes, lebt nur einzig ich

Hier bin ich körperlos, ohne Volumen, bin gestaltlos, ohne Inhalt

Kein Vakuum mag Mangel rufen, denn mein Sein ist kein Gefäß

Keine Geschichte, kein Wollen, kein Müssen, kennt hier Relevanz

Wer ich bin, was ich bin, verliert hier gewohnten Gebrauch

Geben und Empfangen, findet hier keinen Raum, ist ohne Sinn

In Raumlosigkeit, ist sich alles gleich nahe, Mittelpunkt ist Fülle

Hier ist alles Ortlos, alles findet im Nichts Bewusstseins-Daheim

Alles ist da, das Du, das Ich, doch letzt regiert hier die Leere, so ist gleichzeitig auch niemand Zuhause

Ich atme in den Moment, komme an im Jetzt

Finde hier Ruhe in mir selbst, Ruhe, die mich längst erwartete

Muss nichts tun, nichts ändern, nichts wissen, nur sein
So ist mir bewusst gewahr, das alles bereits vollkommen ist

Vollkommenheit sekündlich, in nächste Vollkommenheit mündet
Weiß, dass Ich vertrauen darf und staunen, auch ohne zu wissen

Fraglos, mein Verständnis, mein Wissen, wächst von Zeit zu Zeit
Manches wird klarer, nur dies ist nicht, was mich voran bewegte

Getragen bin ich durch heilige Kräfte, bewegt im ewig Flusse
Alles was zu handeln bleibt, ist zu Sein, ist mitzuschwimmen

Im Geben mit Bedingung, bitter Nachgeschmack sich zeigt

So gibt man, und erwartet zurück, oft, ohne das man's weiß

So ist es wohl doch nicht das Geben, ohne Wollen, ohne Ziel
Eher das Geben, das ruft, das man selbst etwas braucht und will

Enttäuschung, gewiss, sind Stief-Kinder dieser unecht Hin-gabe
Je mehr das Geben wächst, die Unzufriedenheit sich weitet

17

So bedenke Mensch was du gibst, schenke es aus dem Herzen

Sogleich wirst auch du dich beschenkt fühlen, von eigner Fülle

Einen Fuß vor den anderen will ich setzen, ganz ohne Ziel

Schritt für Schritt weitergehen, ganz im Vertrauen, ohne Wissen

Ohne zu ahnen, was hinter nächst Ecke, mich erwarten möcht

Mag ich leichtens, von nächst unbekannt Ecke zu Ecke zugehen

Ohnehin, was bleibt mir schon, doch nur, die Flucht nach Vorne

Denn Stillstand, ist nie Option, ist mir der kleine Tod in der Seele

Leben will ich, auch wenn ich mir selbst, lebensunfähig erschein

So werde ich gehen weitere Schritte, gewiss, um mir letzt die größt
Lebendigkeit zu erweisen

Ich tauche ein in die Liebe, Liebe des Niemanden Besitz

Liebe, die nicht zu geben ist, nicht zu nehmen, sich selbst gehört

Mein Herz geöffnet, oh Glück, erlaube ich, das ich sie empfang

Sie bestaunend, von ihr beseelt, weiß, das ich sie nicht besitz'

Fokussiert, mag ich sie sehen, doch halt ich sie so im Auge klein

Wahrnehmung geweitet, wächst ihr Erleben, über mich hinaus

Selbst expandiert ins erfahrend Ganze, darf ich dann erblicken

Das unendliche Meer der Liebe, in dem ich inmitten schwimme

So fragt es in mir, recht laut, was ist wohl der Unterschied

Inzwischen dem Vorwärtsgehen und dem Fliehen ins Alt zurück

Was unterscheidet das gesunde Nein und die bloß Vermeidung

Scheidet Gehen zum lieb Ziele hin, und das Fliehen weg von mir

Was heißt wohl Konstruktivität, wo beginnt das destruktive Sein

Gibt es Irrwege tatsächlich, oder führt jeder Weg ins wahre Heim

Still ist es in mir, vernehm kein Echo, kein Antworten ist zu hören

So erwidere ich im Geiste, es mag gar stimmen, sowohl als auch

Nun echot leiser Ruf in mir doch, dem Sturen fehlt Lebendigkeit

Und gewiss, in Liebe kann man auch eilen, zum Geliebten hin

Oh Engel, hat der Mensch denn gar, das Staunende verloren

Kann er nicht mehr ahnen, hinter jed Ecke das wartend Wunder

Wo ist sie die forschend Neugier, die ihn Steine umdrehen lässt

Ihm Ahnung gibt vom klein Kosmos, welch unterm Felsen wohnt

Wo ist der Fragende, der Allem, wissensdurstend Blicke schenkt

Im Büschel Moos, in ölgetränkter Pfütze, Märchenwelt erkennt

Wo sind die Kinder Gottes, die mit liebend Augen, Wahres sehen

Hindurch der Festigkeit der Dinge staunen, den Himmel wähnen

Enttäuschen kann niemand mich, keiner hat die Macht dazu

Nur ich selbst kann mich enttäuschen, ent-täuschen des Truges

So mag mir auch oft, das Handeln der Anderen nicht gefallen

Ist hier kaum Arges, Enttäuschung steht nicht auf ihren Fahnen

Sie tun eben, was sie tun müssen, vielleicht gar aus gutem Sinne

Und gewiss, will ich dies nicht wahr haben, sehe ich, was ich will

Bis mir eigne Ent-täuschung, all meine illusionären Kräfte nimmt

Mein Wunschbild sich auflöst, ich das Wahre eingestehen muss

Ich drehe mich und drehe mich, ganz verrückt im Kreise

Drehe mich kontrolllos um den Mittelpunkt, ums Liebende herum

So fühl ich mich zum einen bewegt, haltlos, hin und her gerissen

Knechtschaft ist mir ein Grauen, bewegt zu werden, unerträglich

Doch sehe ich im Jetzte, das es die Liebe ist, die mich bewegt

Erkenne ich, das sich alles um die Liebe dreht, sodann kann ich los-
lassen, loslassen und erglücken

Mein Sein, weiß nichts von Zeit, von Raum, weiß keine Grenzen

Mit meinem Sein, bin ich überall an jedem Orte, überall zugleich

Mein Sein, muss nicht überwinden die Strecke, von Ort zu Orte

Es lebt im Überall, ist im Überall innen, braucht nur mein Dasein

So existiert meine Anwesenheit, gar im ganz Universum zugleich

Mein Fokus allerdings ist Hier und Jetzt, so erleb ich mich begrenzt
auf Erden, doch wahrlich, mein Bewusstsein ist frei

So bin ich zuletzt, doch nur wie ein Blatt im Winde

Wehe hin und her, wehe auf und ab, gar vom Mysterium bewegt

Falle und Falle, hinein, hinab, in die scheinbar unendlich Tiefe

Taumle und wandle, stürze ohne Ende, bloß hinfort ins Tiefe hin

Bis ich zuletzt falle, hingegeben, hinein in deine liebend Hände

So angelangt am Urgrunde alles Seins, wartet allein die Liebe

Ich ahne, es ist die Liebe zu allem, der ich Verpflichtung zeuge

Liebe unendlich, die mich hält und stets auf allen Pfaden leitet

Gefühle, kommen und gehen, gerad wie sie wollen

Bleiben in ihrer Zeit und gehen wieder, in ihrem natürlich Sinne

Sind dem Menschen zu Dienste, solange sie von Nutz und Nöten

Kommen nie zu früh, verspäten sich nimmer, recht ist ihr Wollen

Doch hält der Mensch sie fest, sichtlich gegen ihren Willen

Verlieren sie, ihre Natures Hilfe, wandeln sich zum Schaden hin

Ihrem Zweck verfremdet, haben sie verlassen höhere Dienste

Der Mensch bedient sich nun im Niederen, der Gefühles Kräfte

Unterjocht vom Wollen, können sie nicht in ihre Freiheit ziehen

Sind nun Ursache von Leiden, da mancher sie nicht gehen lässt

So Mensch, heiße Gefühl willkommen, wann immer es erscheint

Und lasse es los, gewähre ihm freien Abzug, wenn sein Dienst vollbracht

Oh himmlisch Vater, fragmentiere mein Ich

Das letzt nur übrig bleibt, dein Du, nur bleibt das Wahrhaftige

Lasse die Blitzeskraft in mich fahren, das mein Ich sich spalte

So nun das Innen sich stülpt, in Ichlosigkeit, ein Uns sich zeigt

Vater, löse auf meine Bestandteile, so Essenzielles sich offenbart

Erlösung, befreit aus stofflich Gebundenheit, mich ins Freisein entlässt

Im gleichen Maße, all die Kräfte, sich gegenüber stehen

Fünfzig zu Fünfzig, in gleicher Menge, sie sich reiben aneinander

Ihre Chancen sind gleichermaßen, ebenbürtig die Gegnerschaft

Oh Wunder, das Ergebnis ist stet zum Besten, ist stets die Liebe

So ist es die Liebe, scheinbar entzweit, nach Einigung sich regt

Letzt in Versöhnung der polaren Kräfte, sich selbst erneut gebiert

Entspannung, ist einzig gut Antwort, dem Leben gegenüber

Man kann ja eh nicht Vieles tun, im Großen und Ganzen

Gewiss, die großen Dinge werden bewegt, durch große Kräfte

Das Belanglose, dem kleinen Menschen zur Entscheidung bleibt

In Frieden zu verweilen, in der Gewissheit, bewegt zu werden

Ist somit die angemessen Erwiderung, auf das große Leben

Das Antworten, das wir, als das mitgenommen werden kennen

Die sinnvoll Antwort, die wir Menschen, das Loslassen nennen

Der Zug des Lebens, fährt nur in eine Richtung, ohne Frage

Nur das Hin steht hier zur Buchung, das Zurück war nie Option

Eingleisig ist der Pfad, auch wenn manch Weichen erscheinen

Die Richtung ist wohl vorbestimmt, Gegenrichtung recht absurd

So fragt sich, warum oft der Mensch eigen Ziel, nicht akzeptiert

Er jemand anders sein will partout, in andere Richtung will, als seine Bestimmung das möchte

Ein ängstlich Mäuslein, sich kaum aus seinem Löchlein traut

Nur soweit aus sicherem Baue wandert, wie gerad von Nöten

Doch wie es nunmal kommen muss, dem Wachstum verpflichtet

Es kam der Tag, nun Hunger, treibt das Mäuslein in die Fremde

Im Unbekannt, da Draußen, von Geräuschen erschreckt zu Tode

Es in die Richtung staunt, erstarrt, in der Rattengott wohl wohne

Hier wohl, der große Gott der Ratten, sein böses Unwesen treibt

Hiervon alt Gute Nacht Geschichte, in arg Warnung beschreibt

Im gleichen Momente, groß Gnade ihm Erleuchtung schenkt

Es Heureka in sich rufen hört und es mit Erleichterung nun denkt

Wenn dies ist fürwahr, der Gott der Ratten, allmächtig thronend

Ist Furcht längst ad absurdum geführt, machtlos bin ich, ohnehin

Im Nu ihm geistig Flüglein erwachsen, losgelassen seine Ängste

Im Geiste es gleich fliegen lernt, in Hingabe, seine Größe erkennt

Oh nein, ich verzweifle nicht, an meiner Verzweiflung

Ich vertraue mich an, gerad eher, stets mehr dem Vertrauen

Verzweiflung, hält mich nicht im Banne, drängt mich nicht zurück

Sie fordert mich auf, zu erwachsen, aufgerichtet weiter zu gehen

Mich zu wandeln, der Hingabe zu schenken, als einzig Erlösung

Mich zu trauen, immer mehr ins Vertrauen, auch wenn ich zweifle

Die Vielfalt, welch Geschenk, oft dem Mensch auch Fluche

So erscheint ihm die Wahl als Qual, ist ihm als solches zu viele

In Mannigfaltigkeit sich verlierend, sucht er Erlösung im Wissen

Hofft, wenn er die Einzelteile verstehen lernt, es Frieden schenkt

So erscheint ihm, folgerichtig, das Leben doch recht kompliziert

Bis er erkennt, er muss doch nur, sich seinem Einssein erinnern

Gar Alles, möcht sich ent-wickeln, will sich ent-falten

Will sein Innerstes eröffnen, möcht zeigen, was in ihm versteckt

Möchte entwickeln Schicht für Schicht, Ganz werden, was es ist

Möchte entfalten, Eingefaltetes im Umschlage, das befindlich ist

Ja, es sei betont, alles will entfalten seine geistig Flügel immerzu

Denn was verborgen liegt im Innen, möchte in die Freiheit fliegen

Du erinnerst mich, wer ich wirklich bin

Du zwingst mich in Wahrhaftigkeit, zu schauen in mein Ebenbild

Deine Anwesenheit, ist Grund genug, nicht wegzuschauen

Ist meine bloß Begründung, klar in mein Spiegelbild zu blicken

So hat alles mir geschenkte Absicht, hat Sinn der mich bewegt

Und in all deiner Gestalt, wie du bist, erlaubst du mir, ich zu sein

Mysterium Verantwortung, leicht bist du nicht zu verstehen

Wo bist du mir zu eigen und wo bist du gewiss nicht die Meine

Ich frage mich, bin ich verantwortlich für das was ich verschenke

Habe ich auch Verantwortung, für Dinge die ich weitergebe

Habe ich dich Verantwortung, für das was ich denke und fühle

Oder besitze ich dich nur, für das was ich tue, für mein Handeln

Wo beginnt unser Beziehen, wo bist du mir Freundin, bist Pflicht

Und wo gehörst du einzig den Anderen, bist mir einfach nur Last

Erkennen kann ich gewiss bereits, du bist wesentlich Teil von mir

So übernehme ich dich als die Meine, erstärkst du mich sogleich

In deiner Gegenwart, fühle ich mich gar fähig, stark und leicht

Doch an unserem Verhältnis zueinander, ist noch vieles zu klären

Frage mich, wird die Raupe zum Schmetterling, gar freiwillig

Geht die Sonne auf, gar jeden Tag erneut, aus freien Stücken

Ist dies Freiheit, das der Mensch ist, wo er ist, in Ort und Zeit

Ist denn irgend ein Geschehen, gar wirklich, Akt der Freiwilligkeit

Jed Tag der vergeht, jed Sekund, erwächst in mir ein größer Nein

Es wandelt in mir die Ahnung zum Wissen, Freiheit ist absurdum

Zehntausend Schritte, ich Tag für Tag geh, komme nicht an

Laufe durch die Weltgeschichte, doch schreibe ich sie auch mit

Einerlei was ich auch tue, belanglos ich mein Wirken empfinde

So fliehe ich nach Vorne, nach Hinten, trete letzt auf der Stelle

Und nur in den Momenten, in denen ich stets Zielloses erkenne

Genieße ich, denn von Anbeginn der Zeit, gab es nichts zu tun

Das Nichtstun, sagte man mir einst, ist kein leichtes Tun

Ist gar unmöglich für Jene, dessen Welt erbaut nur auf Handeln

Nun, ein jed Mystiker weiß, Handlung mag groß Wellen machen

Jedoch eine Sintflut mag gar folgen, dem Akte des Nichtstun

Angehalten ist so, die Welt der Logik und dessen rational Aufbau

So alles geschehen kann, im handlungsbefreiten, luftleer Raume

Das Jetzt, macht was es will, ist ganz und gar allmächtig

Das Jetzt, lässt Bäume entwurzeln, Königreiche untergehen

Die Jetztkraft, ist unbarmherzig, gegenüber allem Vergangenen

Erlöst gar seinen vorherig Bruder, von all gut und böse Vorsatz

In jed Jetzt stirbt Vergangenheit hinein, geboren ist Zukünftiges

Der Augenblick nimmt alles auf, lässt alles los, in Natürlichkeit

So ist gewiss Nichts, in den Zement der Ewigkeit gegossen

In jed Moment ist alles ins Neue befreit, darf neu geboren sein

Rechtfertigung des Vergangenen, rechtfertigt das Zukünftige

So knebelt Band der Begründung, den Menschen im engen Jetzt

Was getan ist, will recht behalten, will bestätigt werden

So muss auch Jenes, das getan wird, erneut Recht bekräftigen

So lebt der Kreislauf des Festhaltens, vom eigen Recht behalten

Nur jene die aufhören eignen Trug zu festigen, erfahren Befreiung

Der Erwachte, erlöst von Bindung, gesteht sich ein, sein Unrecht

Sieht, wie er sich selbst, die Welt, in Enge bindet, ist von nun an
frei, sich neu zu erfinden

Wer beteuert dem Hoffnungslosen, dass die Sonne scheint

Tröstet die Gebärende in Wehe, mit, ist doch nicht so schlimm

Wer rät dem Alkoholiker gar, den Wein einfach stehen zu lassen

Rät dem Blinden neunmalklug, das er genauer hinschauen muss

Sagt dem Kinde im Trauma innen, das es nichts zu fürchten gibt

Rät dem Verletzten gar, das er nicht verletzt wäre, hätte er doch

Doch nur derjenige, der selbst blind ist, für das Offensichtliche

Die Machtlosigkeit in eigener Sache, nicht anzuschauen weiß

Machtlos zu sein, heißt letzt, gerad, nichts tun zu können

Eingeständnis des Selben, ist der Seele Heldentat, die nun bleibt

So ist das, Nichts tun können, praktiziert, das klügste Handeln

Denn alles was getan, um vermeintlich Rettung, bringt Schaden

Aktionismus gewiss, ist meist der Handlung, ein wenig zu viel

In Machtlosigkeit, ein zweischneidig Schwert, scharf ohne Sinn

Letzt ist zu erkennen, machtlos zu sein, kann Erlösung bringen

Ist Machtlosigkeit angenommen, ist sie Quelle der Erleichterung

Ins Irdisch geboren, hab ich mich dem Vergessen geschenkt

Habe somit Aufgabe und Macht, jetzt, mich wieder zu erinnern

Habe ich mich zur Geburt, ganz verloren, vergessen wer ich bin

Darf mich jetzt wiederfinden, darf alles sein, sein, wer ich bin

Sehen das ich bin ein Kind ohne Geschichte, weißes Blatt Papier

Sich selbst erfindend, beschreibend, eigne Welt sich zeichnend

Ahne das jeder Königin und König ist, ermächtigt über das Eigne

Sehe, das ein jeder, Schöpferkraft, im eignen Maße entfacht

Wir jedoch nicht die Größe aller ehren, sie nur messen am Besitz

Sie verachten, ob ihres winzig Reiches, sie ehren ihrer großen Güter wegen

Schuld, ist Werkzeug der Gewalt, Instrument der Kontrolle

Schuld, ist das Seil, mit dem das freie Sein geknebelt

Anwendung sucht sie gerne, in der Unterdrückung von Anderen

Auch in der Unterjochung des Lebensimpulses, des Eigenen

Letzt sind Schuld, Scham und Konsorten, irdisch Phänomene

Kaum wegzudenken, in des Menschen bloß Lebensgeschichte

So bleibt uns oft nicht mehr, als sie anzunehmen und zu erinnern

Das wir es sind, die in eigen Ermächtigung, an ihnen festhalten

Machtlosigkeit einsehen, heißt wissen, nichts tun zu können

Das Eingeständnis der Selbigen, ist der Seele größte Heldentat

Im Nichtstun können, dessen Akzeptanz, liegt so größt Können

Eine Wunder Tat, welcher Handlungsunfähigkeit zu Grunde liegt

Man hört ja oft und auch recht gerne, das Weniger, ist oft mehr

Hier möchte man hinzugeben, das Nichtstun, ist hier eben Alles

Klagt der Hammer in der Kiste wohl, über eine Langweile

Klagt über unzumutbar Unterbringung, klagt über das Nichtstun

Jammert der Nagel, wenn er im Dienste wird ins Holz versenkt

Jammert, weil er krumm gehauen, oder gar von Rost befleckt

Wohl kaum, nur der Mensch jammert und klagt, in vollem Recht

Erhebt die Stillung seiner Bedürfnisse, ins Zentrum seiner Welt

Bläht seine Gefühle, seine Gedanken, in abstruser Weise auf

So er Leid erfährt, Empfindung im Übermass, nicht aus Nöten

Anstatt sich zu verbeugen, in pur Dankbarkeit vor dem Leben

Dankbar für all Geschenktes, für die Chance Höherem zu dienen

Wer möchte nicht gerne, seine Wunder auf Erden erleben

In Verletzlichkeit, Vertrauen und Sicherheit, gar Stärke finden

Möchte in der Verletzlichkeit, eigenes Essenzielles erfahren

Möchte in Verletzlichkeit, Sein berühren, das unverletzlich ist

Wer möchte nicht gerne, friedbringend Ohnmacht akzeptieren

Machtlosigkeit, die Macht in sich birgt, welche Berge versetzt

Wer würde schon verzichten mögen, auf sein Recht zur Seligkeit

Verzichten, wenn ihm dies Geburtsrecht wäre bewusst, Niemand

Handlung gebiert aus Liebe, oder Angst, eben ganz duale

Unser Tun, erschafft so denn Welten, ganz verschieden Zweien

Der Liebe Tat, geschieht wohl eher, als sie getan wird, gewiss

Aus Angst heraus, entsteht im Gegensatz, nur handelndes Muss

Die eine Welt, ist gebunden in Knebelung, nennt sich die Sichere

Die andere Welt ist befreit, ist das heilige Sein, das eben nur ist

So ist die Welt der Liebe, eine angstlose, für Furcht verschlossen

Doch hat sie stets offen Tür, durch die man auch aus der Angst heraus, hindurch schreiten kann

Die Erden Welt, ist den Emotionen, gar freie Bühne

Ist dem Mensch Uraufführung und Theater, Weltbühne sogleich

Alles was sich zeigen möcht, findet hier ein Platz zur Innenschau

Findet Raum, die Zeit, Gestalt und Körper, in unzählig Akten

Der Darstellung, wachsen auf Erden, der freientfaltungs Flügel

Inszeniert wird hier von geistig Welt, endlos Schauspiel, Manifestation der Improvisationen

Klein Spielräume, ist das was ich Freiheit nenne

Winzige Räume im Raume, die ich darf, mit dem Meinem füllen

Darf Schaffen mit Händen, mich in Kunst und Bau wiederfinden

Doch als Tun das wahr bewegt, bleibt nur Meditation und Gebet

All geschäftig Handeln, ist nur des Ego's aufgebläht Eigennutz

Ist letzt kein verwandeln, ist nur das alte Haus in neuem Anstrich

Das Gespräch im Innen jedoch, hebt die Welt aus ihren Angeln

Schafft Spielräume des Ich's, lässt mich im neuen manifestieren

Dein Du, gebiert aus deinem Willen, zu meinem Ich

Geboren hinein bin ich in diese Welt, lebend auf Mutter Erde

Und ist mein Ich wohl recht gereift, werd ich wiederum zum Du

Es wandelt das Meine zum Deinen, vereint erneut unsere Seelen

Nun, mein Ich sich erinnert, gänzlich an sein ursprünglich Du

So ist Getrenntsein vergessen, präsent nur das untrennbare Eine

Lebenserfahrung, brennt Unnützes hinweg, brennt all hinfort

Lässt übrig nur das Wesentliche, worin Lebendigkeit versteckt

So ist jed Weh des Herzens, berechtigt Stimme der Verbrennung

Gefühlt Loslassen des Unnützen, Abschiedsschmerz zu nennen

Was unserer Verwirklichung im Wege, räumt sich weg von selbst

Nichts bleibt im Jetzt, was nicht besitzt das Prädikat des Ewigen

So ich es beschau, was hier vor mir sich zeigt, gänzlich reduziert

Sehe ich nur der Liebe Qualitäten, Demut und Ergebenheit

Erspüre, des Herzens wahrhaft Wärme, befreites Sein in Frieden

Und zu guter Letzt, sehe ich doch einzig und allein, die Liebe

Hingabe, ist der Liebessprung, in des Ungewissen Schlucht

Der uns erleben lässt, das wir getragen sind, von gütig Händen

Hingabe, ist Schritt der Ergebenheit, hinein in das große Ganze

Demütig Einfügen des Einzelteils, in stimmigen Zusammenhang

Hingabe, ist das sich schenken, als Gabe der Liebe hin

Ist das bewusste Gehen zurück, zu allem Ursprung, zum Beginne

Ich schreibe und schreibe, gedanklich, Wahrheit auf der Spur

Rede mich um Kopf und Kragen, sie sich nicht erwischen lässt

Jedes Wort zieht zu, die Schlinge um meinen Hals noch fester

Noch immer versuch, durch die Enge zu zwingen, ein heilig Wort

So ist mir längst klar, mit jed Satz, wird mir die Wahrheit fremder

Doch, aufhören kann ich nicht, bin ergeben der Worte Wasserfall

In all Materie lieb gefangen ist, göttlich Essenz gar Überall

Gebunden hier im Innen, die Lebenskraft, Substanz allen Lebens

Nichts ist tot, ist nur Lebensenergie in werdend Form gebracht

So ist das göttlich Innere, einziges, was die Dinge zusammenhält

Wird jene innere Kraft befreit, kommt Atomares zum Vorscheine

Alchemistisch Substrat, offenbart sich so im Ding und Stoffe

So wandert das Innere von Form zu Form, im ewigen Wandel

Und zeigt sich im neuen Kleide, stets bleibend das Selbe

Jed Weh, jed Sehnsuchtspochen meines Herzens

War stets nur ein werbend Liebesruf, aus deinem Munde

All mein traurig Sein, ist Ausdruck nur, unserer beider Trennung

Jede Träne zeigt mir so den Weg zu dir, zurück in die Vereinigung

So heiße ich stets willkommen, jenen Schmerz der Richtung gibt

Will den Wehen folgen, Schritt für Schritt, zur Geburt Erneuerung

Manch Schmerz, ruft mich ganz klar ins Jetzt herbei

Manch Schmerz, bringt mich gar unmittelbar, gerad zu mir

So ruft mich der Schmerz partout, in den meinig Leib hinein

Bringt mich zur Fühlbarkeit, erinnert ans fragile menschlich sein

Doch meint das nicht, das Schmerz zu ertragen, etwas Gutes ist

Heißt nur, ich will nicht horchen, nicht hören, was Gesagtes ist

So muss ein Schmerz laut ertönen und meist auch lauter werden

Das erhört wird die Geschichte, die sich erzählen möcht im Jetzt

Gewiss, freiwillig könnt man hören, gehen, gar friedlich fühlend

Doch geht es nicht von alleine, so braucht man zwingend Führer

Jed Verbot, ist doch gerad, nur des Menschheits Erfindung

Überall scheint es zu keimen, in uns, in Familien, in Religionen

Wir sind durchdrungen von ihnen, ob wir es wollen oder nicht

Es wuchert agile, bis wir im eigen Gefängnis der Verbote wohnen

Von höchst Ebene gesehen, hat das Ganze, Gabe der Absolution

Existenzerlaubnis hat alles was besteht, ist so längst abgesegnet

Oft bewegen wir uns nur, um dem Schmerz zu entkommen

Machen und tun, gar alles, um dem Schmerz zu entfliehen

Doch Jener hat eine Wahrheit, die er teilen möcht mit uns

Wir hingegen, bewegen uns ungern freiwillig, zur Wahrheit hin

Manch Mensch der auf Wahrheitssuche dem Schmerz begegnet

Sieht an ihm als Feind vorbei, und möcht ihn am besten missen

Wundersam, kommt es zur Offenbarung, auch trotz des Fliehens

Letzt können wir uns der Wahrheit nur im begrenzten entziehen

Sich zu fragen scheint ratsam, tue ich dies der Wahrheit willen

Will ich die Wahrheit sehen, oder suche ich nur Bequemlichkeit, suche das leichte Leben

Der Mensch ist einem Fische gleich, der im Meere schwimmt

Stets vom Wasser umgeben, gar blind für nah Feuchtes an sich

Erst wenn er vom Leben ans Ufer geschmissen, mag er erahnen

Mag erfahren und wissen, vom nährenden Nass, das ihn umgab

So dient die Trennung vom Ursprung, wahrnehmend Erkennung

Dient der Selbst Erkenntnis und dem Weg ins Ganze zurück

Gerad in der Entbehrung, wird dem Menschen die Fülle erst klar

Herausgelöst aus der Einheit, zurück gekehrt, erlebt er das Einheit-
liche, das Eine ganz aufs Neue

Jeder kennt seine Grenze, weiß von ihr letzt genau

Kennt ihre Maße, kennt vorgegeben Nähe, Distanz eben auch

Jeder weiß wo Berührbarkeit beginnt, Oberflächliches endet

Weiß ab wann er begegnet, Schutzraum der Intimität ist erreicht

So überbetont ein jeder Selbst, ängstlich die Grenze zur Nähe

Oder lässt überschreiten, die Grenze, die es scheinbar nicht gibt

Verantwortung ist hier Schlüsselwort, sie abgeben, oder nehmen

Von unseren Grenzen wissen wir, doch können wir sie wahren, lie-
bevoll öffnen, zu ihnen stehen

Ich bin das offen Gefäß Gottes, in steter Erfüllung

Leere Schale, nach oben hin geöffnet, zu empfangen bereit

Bin die Schale die du einfüllst, mit Gaben derer Herr ich bin

Bin Instrument deiner Führung, um zu dienen höherem Sinn

Meine Arme öffne ich zum Himmel hin, Empfängnis zu erbitten

Um mich zu erinnern, das ich stets Werkzeug deines Willens bin

In Demut verbeugt, in Souveränität aufgerichtet, stehe ich hier

Ich staune dich an und dein Blick zurück zu mir, ist reine Liebe

Ich bin erwacht aus meinem süß, auch bitterem Traume

Dornröschenschlaf ich hielt, im Trugbilde des Schlaraffenlandes

Bin erwacht ins Klar hinein, aufgerichtet, in die Welt der Wunder

Lebendigkeit erweckt, aus träumerisch Wünschen und Fürchten

Wie wundersam es zu sehen ist, des Traumes hypnotisch Wirken

Hier im Klaren über alles, fällt Atmen leicht, bewegt ist die Seele

Undenkbar ist hier im Freien, des Truges Nestwärme arger Sog

Darf ein Traum soviel Macht besitzen, der Realität zu entfliehen

Ist man einäugig, uneinsichtig, gar blind in allen Sinnen

Ist es nicht wunderlich, das man gegen Wände läuft, ein ringen

Doch auch in der Klarheit geboren aus Einsicht, eckt man erst an

Erst in Liebe Gegenwart, wird man weich und rund geschliffen

So ist eigen Wahrheit zu folgen, ein herausfordernd Unterfangen

Ohne Eigenliebe gar, ein von Zweifel geplagt Tun und Handeln

Doch ist dies klare Sehen, auch vom Liebeslicht bewusst erhellt

Heißt das folgen der eigenen Wahrheit, Selbstliebe, ist gar Selbstverständlichkeit

Ich will gefühlt werden, nicht vertatsacht, ist mein Begehr

Fühlen will ich die Welt, nicht im Vernunftverstande mich verirren

Will nicht nur Leinwand sein, für der Menschen trüb Projektionen

Möchte die Welt im klaren Lichte sehen, ihr liebevoll begegnen

Selbst bin recht eilends verloren, im Tatsachenverstande gewiss

So heißt es fühlen, fühlen, fühlen, dies öffnet Herz und Tor zur Welt

Du warfst den Schleier der Isis über mich auf Erden

Liest mich in Vergessenheit, in diese Welt hernieder gehen

Verdecktes mein Augenlicht, mit dem Tuch der geistig Dunkelheit

Sprachst aus, das magisch Wort und nun Mensch, sehe

Sehe, was der Unwissenheit Gestaltung ist, fern du dich wähnst

Sehe, was der Blindheit Sehkraft ist, erwache, erkenn dich selbst

Verwandle deine Sicht, durch der Selbsterfahrung heilig Wesen

Bis der Seele Augen offen sind und am Wahrheitsgrunde nur noch eines sichtbar ist, Ich, und die Liebe

Ach wie klein bin ich doch im Persönlichen

Ebenso gleich wieder riesengroß, so bin ich davon erst losgelöst

Erlösung ergeht, wenn ich unpersönlich Rolle im groß Spiele find

Gebunden sind Fuß und Arme, ich der Identitäten Spielball bin

Als Mensch, scheint mir das Erdenleben, ach so beschwerlich

Doch im heilig Raum in mir, ist mir der leichte Flug zu eigen

Beides lebt stet in gleicher Zeit, beides zugleich, auch im Zweifel

Und im besten Falle nehme ich in Zweifelsfreiheit wahr, beid Geschenk in Einem

Sehe, die Unruh' sich bewegen, in inner Uhres Lebenszeit

Sehe, wie ich von Impulsen fremd bewegt, pendel hin und her

So ich während Leid und Freud empfind, in tagtäglich Pendelung

Sehne ich mich in einem fort nach Ruhe, will zur stillen Mitte hin

Frage mich, wann endlich nur, ich zum friedlich Stillstand find

Längst ahnend, das dies mein Erwünschen, in diesem Leben wohl, in keine Stillung mündet

Ich muss ihn nicht wissen, den Weltenplan gewiss

Doch sei mir verziehen, das ich möcht ahnen, wie der meine ist

Blind laufe ich durch die Tage, mein Pfad sich Ziellosigkeit nennt

Bereits Ahnung, einer nächst Etappe, wäre mir ein Trost gelind

So bitte ich um Klarheit, um Richtung, um ein Ziel am Horizont

Ich Orientierung find im haltlosen Raum, mich zu beziehen weiß

Alles ist gegeben Laut, geboren aus der Trennung Munde

Alles ist Klang, welcher als Sehnsucht nach Vereinigung erschallt

So ist letzt alles Ton, ist Wort, das Getrenntes zur Sprache bringt

Ist Kommunikation, die Entzweites benennt, Kommunion ersehnt

Alles ist des Anfangs Echo, jenes Echo bis zum Ende hin erklingt

Sehnsucht, die immer lauter werdend ruft, Heimat wo bist du, ich sehne mich ins Eine

Ich bin ein Bettelmann, dessen Werkzeug, offen Hände sind

Empfangend, was auch immer ich, als täglich Brot bekomme

So bestimme ich nicht, was mir gegeben, noch genommen wird

Jedoch habe ich stets genug, ob ich alles, oder nichts bekomme

Alles was ich habe, ist gegeben als Gottes Gabe, allein im Jetzte

Und ist mein Wollen auch oft ungestillt, die wahr Bedürfnis Stillung, ist längst vollendet

Alles findet Lösung, erlöst sich von mir, gehend hin empor

Alles steigt stetig auf, erhebt sich immerfort zum geistig Gute

Des Menschen täglich Erfahrung, ist des Gottes ewige Nahrung

Der Mensch gibt was er ist und wird, schenkt sich dem Ganzen

Verdauen tut sich der Mensch gar, im alltäglichen Prozesse

Scheidet aus, in jedem einzel Momente, ein stückweit sich selbst

Seine Verwandlung im Alltäglichen, ist letzt gelebtes Sakrament

Der Mensch schenkt sich im Gottesdienste, Gott und der Welt

Staune dich an, mystisch Jetzt, für Wunder stets zu haben

Oh magisch Künstler, scheinst an Überraschung nicht zu sparen

Bist Gefäß ohne Grenzen, dessen Inhalt unbeschreiblich Alles ist

Du groß Gaukler, aus deinem Hute zauberst, was immer du willst

Du bist so mächtig, das in deinem Beisein, alles geschehen kann

Gar Unmögliches, hat in deinem Raume Platz, so ich dir nun auch zugestehen kann, das Undenkbare

Weiß und Schwarz, braucht das Graue um zu werden

Zwei Pole benötigt der Strom, so er fließen kann frei dazwischen

Ohne Furcht keinen Mut, ohne Missetat, wohl auch keine Reue

Gegensätze gewähren ein Wählen, das Spektrum ergibt die Wahl

Helles links, rechts ein Dunkel, zwei Seiten erlauben eine Mitte

So braucht der Mensch auch an Waagschalen zweie, somit er Ausgeglichenheit erlangen kann

Leise wird es in mir, gar stille

So still, das ich tonlos Rauschen, der großen Leere in mir höre

Wohl tut mir die gütig Leerheit, befreit bin ich von all dem Haften

Die Ruhe ist hier unendlich, ein Meer voll Geborgenheit und Halt

Gar bewegungslos ich schwebe, bin im Überall zugleich

Grenzenlos scheint mir der Raum, den ich erkenne, als Frieden

Ich kann sie sehen, die Einzigartigkeit die jedem Dinge inne

Kann es sehen, das einzigartige Wesen, das uns allen eigen

Tabu ist jenes Innen, das sich nur trübe spiegelt im Außen

Unantastbar, unveränderlich, ist dies Wesentliche in Allem

So ist jeder Mensch ein Kosmos, ist sich selbst ein Universum

Niemand kann ihn ganz verstehen, vielleicht nicht einmal er sich selbst

Ich frage Dich, was soll ich tun, was ist sogenannt Richtiges

Liebevoll ist deine Antwort, Du, sollst nur du sein, das ist alles

Nur das Ich sein, das willst du von mir, dies ist mein Resümee

Das Ich, einfach Ich bin, ist alles was du möchtest, dir ersinnst

Längst sagte Ich selbst bereits, Ich sein will ich, mit großer Lust

Doch war ich Bange deiner Antwort, doch nun bin ich mir deiner Liebe, deinem Einverständnis bewusst

Gottloses kann Gott nicht erfahren, nur Gott ist er gewiss

So bleibt ihm die Selbstentfremdung, doch stets ein Fremdes

Gottlosigkeit, mag er durch des Menschen Erfahrung verstehen

Der Mensch losgelöst ins Gottlos erleben, ist ihm gar Erkenntnis

So ist all des Menschen Tun, weder Schuld, noch Sünden-Fall

Ist Ausflug ins Gottes Fremde, Gottesdienst, Pfad der Erkenntnis

Wenn wir von Gottes stet Anwesenheit wissen, scheint das Licht

Urvertrauen, das alles ein Liebesakt Gottes ist, ist uns so gewiss

Wichtigtuerei, ist des Menschen Schmerzensquelle an sich

Was Leid erzeugt, ist das Er sich stets zu wichtig nimmt, gewiss

Einfach zu wichtig sich empfindet, im Kosmos großem Spiele

Obschon er nur ein winzig Rädchen, im göttlich Uhrwerke ist

Geraten sei ihm Demut, natürlich Bewegung, sich fließen lassen

Denn er hat alles was er braucht, auch ohne Wichtigkeit, lebt in
Fülle, ist im Dienst und im Genusse

Oh du heilig Leerheit, so wenige kennen dein wahres Wesen

Viele kennen dich alleine nur, als abwesend Raumes Inhalt

Viele, wähnen nicht im geringsten, dein wahres sakrales Sein

Wer mag schon ahnen, das du Einzigstes bist, das wahrhaftig ist

Alles entstand in dir, ist letzt doch nur temporär Erscheinung

Du bist das Ewige, aus dir, in dir, besteht doch letzt einfach alles

Du, oh grenzenlose Leerheit, bist Ursubstanz, bist die Einzige

Nein, du kennst sie nicht die Begrenzung des Raumes, bist gar
über-sinnlich, bist Aggregatzustand der Ultimative, der Göttliche

Wer bin ich

Inzwischen dem Weisen und dem Narren

Inzwischen dem König und dem Bettelmann

Wer bin ich

Inzwischen dem Lehrer und dem Lernenden

Inzwischen dem Führer und dem Geführten

Wer bin ich

Inzwischen Mensch und Tier

Inzwischen Schöpfer und der Schöpfung

Wer bin ich

Inzwischen Gott und Teufel

Inzwischen sogenannt Gut und Böse

Wer bin ich

Inzwischen Unwissenheit und Prophetie

Inzwischen Wahn und Übersinnlichkeit

Wer bin ich

Inzwischen materieller Armut und geistigem Vermögen

inzwischen dem Nichts und Allem

Wer bin ich

Du, du bist die einzige Wahrheit, hier und jetzt

Du, du bist der einzig Sinn, der gar besinnt das Sinnlose

Du, du bist der Weg, der Beginn, das Ziel, bist einzig Wegweiser

Du, zeigst mir auf, Anfang und Ende, ob deiner Grenzenlosigkeit

Deine Liebe ist all-einig, der Atem der mich belebt

Du, du bist das Alpha, bist das Omega meines Alphabetes

Existieren, tut einfach nur die Leere

Leere, die du erfüllst, fortwährend mit Dir

Alles ist der Leere Gefäß, möchte der Erscheinung ein Ort sein

So ist die Leere ein raumloser Raum, die Gebärmutter Gottes

Auch ich bin nichts als diese Leere, die dich als Inhalt behält

Gesegnet bin ich gewiss, das ich dies Ereignen bewusst erlebe

So bleibt mir nur zu wiederholen, die Wahrheit die geistig erhellt

Alles ist Leere, stetig aufs Neue erfüllt, all-eine von dem Deinen

Ein Hund markiert einen Baum, glaubt es wäre nun der seine

Kinder halten Hände vor ihr Gesicht, sagen, du siehst mich nicht

Mancher strampelt auf der Stelle, sagt, ich bin weit, bin schnelle

Eingehüllt in kostbar Tuch, sagen einige, seht wie schön ich bin

Manch Greis träumt davon jung zu sein, so wäre alles anders

Halbwüchsige meinen gar, wären sie älter, könnten sie alles tun

So frage ich mich, gibt es etliche Illusionen, gar unterschiedliche

Oder geschieht dies alles denn gleichzeitig, in ein und dem selben
Raum der Illusion

Gott zum Handeln zwingen, das er tut, was wir wollen

Des Menschen Wahn, der Höhepunkt versuchter Manipulation

So, andere Menschen für unseren persönlich Feldzug zu erobern

Geschieht gar für jeden durchschaubar, um Macht zu gewinnen

Doch sehen wir auch, wie wir stur die höheren Mächte nötigen

In dem wir Dinge tun, die ein Einschreiten jener gar erpressen

Das Leben fahrlässig zu riskieren, heißt letzt, rette mich wer kann

Und meint das nicht auch, ich will nicht, Gott, mache du

Demütiges, Gott du kannst, ich kann nicht, ist hier nicht gemeint

Hier heißt es eher, wenn du nicht machst, was ich denn will, dann zwinge ich dich

Fühlen, groß Spektrum der Menschen Gefühle, oh Heldentat

Zu fühlen, all das Leid, die Freud, welch wundersam Erfahrung

Zu blicken in des Menschheits Abgründe, welch Höllengang

Empor zu schauen ins Übersinnliche, erleuchtend Liebesakt

Das Pendeln hin und her, uns zu Menschsein Wissenden macht

Zum Meister der Gefühle wir gekrönt sind, wenn das Pendel seine Ruhe findet

Die menschlich nährend Nähe, unbestreitbar ein Muss

Lebensnotwendig ist ihre Stillung, dennoch herrscht ihr Mangel

Von Geburt an, ist sie lieb Nahrung, für Körper, Geist und Seele

Doch selten erhält der Mensch, ihre zur Sattheit führend Menge

Oft gar, versiegt die Quelle, wir dürsten lebenslang nach Stillung

Bis wir Menschennähe, nur noch aus Distanz und Ferne wissen

Ein Baby stirbt, weiß ein jeder, ohne dies aus Liebe geboren Gut

Ein erwachsener Mensch verdirbt auch am Mangel, sieht es vielleicht nicht, denn er stirbt ganz langsam

Jeder braucht die Winde der Zuversicht, um weiter zu gehen

Jeder braucht den Aufwind, der vorantreibt, den Rücken stärkt

Jeder braucht die klein Liebes Brise, die das Herzenssegel bläht

Jeder braucht Stürme der Leidenschaft, Lebendigkeit erflehend

Jeder braucht das Windspiel der Freude, dass in Liebe erklingt

Somit er sich wahrnimmt, als Ganzheit, geführt, als Gottes Kind

Dinge die nicht passen, kann man nicht passend machen

Was eben nicht gelingen mag, kann man auch nicht erzwingen

Was zusammen passt, es fügt sich, braucht nicht unser Zutun

Wir können offen dafür sein, gewiss, und nicht im Wege stehen

Uns stets daran erinnern, das alles gut ist und recht, wie es ist

Leid entsteht durch unser Wollen, wir es nicht wollen, wie es ist

So ist jed Verändernwollen des Ist, ein leidvoll Unterfangen

Umso mehr man es versucht, um so mehr, man sich selbst vermisst

Fremdbestimmt sein, mag wohl ein Niemand sein, gewiss

Doch wer kann schon behaupten, er hätte die Zügel fest im Griff

Haben wir nicht alle, ein wenig Steuerung an Routine abgegeben

Am Steuerrad steht längst, alte Emotion aus der Vergangenheit

Hat nicht ein jeder peu a peu, die Zügel Unbewusstem überlassen

Gibt sich der beruhigend Illusion hin, er sitze stets fest im Sattel

Selbstbestimmung erwächst, so die Fremdbestimmung erkannt

So kann man die Zügel getrost locker lassen, ist man erst seinem Wollen und Fürchten bewusst

Alles geschieht im Jetzt, geschieht gewiss zur rechten Zeit

Nichts passiert, ganz ohne Grunde, im Jetzt findet alles den Sinn

Die kosmisch Uhr, genau, geht niemals vor, geht auch nicht nach

Sie schlägt immer richtig, alles geschieht zum richtig Zeitpunkte

An jedem Ort präzise, findet das Jetzt, das angemessen Ereignis

Exakter kann ein Uhrwerk nicht sein, Absolutheit ist Maßeinheit

Im Jetzt findet sich all Geschehnis, es ist exakte Mitte aller Zeit

Alles geschieht hier zeitgemäß, weder Drängen, noch Versäumen ist hier im kosmisch Plane erlaubt

Wieviel Teile braucht das Ganze, um Ganz zu sein, doch alle

Mag ein Teil fehlen, wer will von Ganzheit reden in jenem Sinne

Wieviel Anteilnahme braucht die Ganzheit, die Ganze bestimmt

Denn nehme ich nicht Teil im Ganzen, frage ich mich, wo ich bin

Nun, einerlei, gut zu wissen, aus der Ganzheit gibt es kein Fallen

Nur vergessen kann man sie, doch bis zum erinnern eben nur

Alles ist in die Ganzheit hinein geboren, aus dem Ja zur Liebe

In der erden Zeit des Vergessens, erleben wir eben zumeist deren Spiegelbild der Verneinung

Glück und Unglück, sind zwei Seiten einer mystisch Medaille

Beide mögen zum Selbste führen, auch versuchen ins Verderb

So mag ein Glücksritter, in die tiefe Schlucht der Hybris fallen

Glück, zu viel des Guten, hat schon manch Dämon erweckt

Umgekehrt auch ein Schuh daraus wird, manch Unglück belebt

Das Unglück, mag gar Motivation ergeben, die Veränderung gibt

So ist wohl letzt egal was wir erleben, mögen wir es nutzen

Zum Gut und Ungut, können wir letzt alles führen, die magische Verwandlung zählt

Verschlossenheit, ist unsere gewohnte Attitüde

Geschlossen Einheit, gegenüberstehend all dem freien Sein

Begrenzt und getrennt, in Enge, ist all die irdisch Wahrnehmung

Nur in meditativer Erlösung, erfahren wir unser wahres freies Sein

Unser Erleben als menschlich Wesenheit, ist so stets zerklüftet

Uneins, erfahren wir uns mit uns, uneins mit all dem drumherum

So ist es mehr als verständlich, das uns Offenheit so schwer fällt

So unser Öffnen als Ungewohntes, stets ein Akt der bewussten Entscheidung und auch der Mühe ist

Ich weiß nicht welch Genialität mich ritt, in dunklen Zeiten

Bin erstaunt, das Alpträumerisches sich ins Nützliche wandelte

Segensreich, so finster Zeiten, sich als Akt des Wunders zeigten

Einerlei, was ich in Vorzeit tat, es hat sich als Gutes offenbart

So will ich erneut betonen, jener Gnadenakt, bleibt mir ein Rätsel

Woher kommt dies Lazarus Kuriosum, das mich stets neu gebärt

Ich sterbe, werde wieder geboren, sterbe und erwache erneut

Welch Kräfte sind da am Werke, die mir lieb Auferstehung stiften

Jed Ausrede, ist doch gar ein einsamer Ort des Versteckens

Jed Aber, eine Schlucht in die man sich fallen lässt, ins Starre

Jed Vorbehalt, ist Riegel, vorgeschoben der Tür ins Unbekannt

Schuld und Scham auch manchmal Gründe, Leben zu verneinen

Rechtfertigung, ist Loch im Boden des Fasses, das Stillung hält

Doch nur wenn wir hinein springen ins Leben, erfahren wir unsere
naturgegeben Sattheit

Alles, nur halb so schlimm, sagt man

Und wie gewiss ein jeder weiß, irgendwann, nur noch ein Viertel

So wirkt auch hier die Halbwertzeit, beizeiten ist es ganz vorüber

Ist gar nur Frage der Zeit, bis das was kam, wieder gehen kann

War es denn je so schlimm, oder letzt nur künstlich aufgebläht

Jetzt wo es vorüber ist, es sich ins Leicht verflüchtigte, frage ich
mich im Ernste, warum hatte es zuerst solch Schwere

Freiheit ohne Liebe, hat keinen Halt, auch findet keinen

Ohne Ende haltlos, ist gar der Raum des sich Verlierens

Freiheit schenkt nur Frieden, so ist sie in Verantwortung genutzt

Ist Freiheit von Liebe umarmt, ist sie Mysteriumwunder offenbar

Auf Erden will das Gefangensein im Freien, erfahren sein gewiss

Auch will innere Freiheit im äußeren Gefängnis Gestaltung finden

So sich Absurdum kann zeigen, sich versöhnt das Unvereinbare

Sich somit inzwischen all scheinbaren Wiedersprüchen, das Myste-
rium der Liebe Freiheit bezeugen möcht'

Kaum ein Mensch mag ahnen, das Unschuldig sein, per se

Kaum ein Mensch erahnt, das Unschuldige, das in ihm wohnt

Gar wähnt er sich schuldig für alles was er tut, denkt und fühlt

Auch wenn der Dämon der Schuld nur im Unbewussten tobt

Wenn Unwohlsein ihn ereilt, beschleicht ihn sein schuldig Sinn

Falsch bin ich, hab Falsch gemacht, Schuld bin ich am Ding

Bekommt man nicht was man will, ist Selbstschuld eilig Antwort

Was bedeutet ebenso, mache ich alles richtig, habe ich Gewinn

Doch Ziel des Lebens ist nicht, stets richtig sein, im stetig Wohle

Wohl eher die Erfahrung, das es Richtig und Falsch nicht gibt, doch
freier Wille

Wie inhaltslos ist doch zuletzt, all das materielle Gut

Sinnlos, ist jed Anhäufung vom Ding und schnödem Mammon

Nichts ist da zu finden, in der äußeren ausgehöhlt Welt der Dinge

Nichts, außer Unfrieden und die Gier, das Verlangen nach mehr

Einzig im Innen wird man beseelt, von Frieden spendend Liebe

Hier im Orte Sanctum, wo mein Ich, dein Du, in Gott zuhause ist

So will ich eintauschen, all die Reichtümer dieser Erde und mehr

Für einen klein Augenblick, in der Liebe himmlisch Hemisphären

Mit des Menschen Niederkunft auf Erden, beginnt das Spiel

Ist man erstmal drinnen im Erdenspiele, gibt es kein entrinnen

Es beginnt der Hürdenlauf, das Kämpfen mit Freud und Leid

Letzt gehört gar der Versuch daraus zu Fliehen, zum Spiele

Siegen, kann nur jener der aufgibt, sich hingibt dem Kapitulieren

Nur der mag sich Gewinner nennen, der dem ewig Kampfe trotzt

Sich bespielen lässt wie ein Kinde, mitspielt und freudig staunt

Anhaftslos sich dem Spiele hingibt, Demut dem Spiele schenkt

Wer nicht wegrennt, nicht irgendwo ankommen will, ist erlöst

Wer dem Momente nicht entfliehen muss, erfährt den Frieden, lebt
im Hier und Jetzt

Es ist so laut da im Außen, unerhört, so bitte ich um Ruhe

Viel Lärm um nichts, der mir respektlos entgegen schallt

Ich erflehe erneut die Stille, jetzt, in der Welt Beruhigung erfolgt

So nun im außen Stillheit raumt, sich in mir das laut Getöse zeigt

So sage ich zu meinem inneren Dialoge, schweige, gebe Stille

Bin gerad erstaunt, wie laut doch in mir die Stimmen herrschen

Rufe in mein Inneres, gebet endlich Ruhe geschwätzig Dämonen

Seit alle stille, bitte ich allen ernstes, ich kann ansonsten das Flüstern Gottes nicht hören

Alles ist flüchtig, gebiert und stirbt in jedem Momente

Gerad geboren, entschwindet das Ding, geht hinfort sogleich

Das Jetzige, sich nur zeigt, in aufmerksamer Konzentriertheit

Was sich trotz Flüchtigkeit offenbart, ist hier und bereits fort

Alles ist flüchtig, stirbt in hinein in jedes Momente

Einzig die Liebe ist beständig, aus ihr gebiert dies Alles, zugleich

Du bist im Überall, bist überall, auch da wo ich gerade bin

Welch Magie ist hier am Werke, ich dich trotz alledem vermisse

Du, scheinst mir oftmals fern, obschon du mir das Nächste bist

Blindheit, hat das Herz Augenlicht getrübt, das ich dich überseh'

Du, bist mir näher, als all das Andere, Du bist doch letzt wahr Ich

Dennoch ist all zu oft erlebt Distanz, gar schier unüberwindbar

Wie finde ich zu dir, in solch verloren Zeiten, in Einsamkeits Hülle

Ich freilich weiß, das du mich nicht verloren gibst, doch ich mich
verloren fühle

Tief im Innen, im Urgrund des Seelenmeeres, Ruhe herrscht

Hier, ist die Stille daheim, Frieden hier stets in seiner Wiege liegt

Hier gerad in der Einsamkeit, im Raume des All-ein-seins, alleine

Wächst der Lotus aus dem Schlamme, erblüht im ganzem Sinne

Strebt zum Lichte, durch Seen Oberfläche, der Sonne entgegen

Nun Schönheit Transparenz, Schlamm und Lotus in Liebe krönt

Die Leere braucht kein Verständnis, ist gänzlich leer davon

Die Leere ist Vakuum der Verständnislosigkeit, Sog schlecht hin

So möcht der Verstand, das Verstehen, sie stets erfüllen, nennen

Von der Leere aufgenommen, findet er doch letzt nur Erlösung

Umarmung der Verständnislosigkeit, löst Verstandes klammern

Hier ist kein Verstehen von Nöten, Liebe, alles in Händen wiegt

Ich brauche nicht aus meiner Größe gehen, um zu brauchen

Will nicht mein Groß sein verlassen, klein sein, um zu bekommen

So brauche ich nicht klein zu werden, um zu brauchen

Brauche nicht kleiner sein als ich bin, um Bedürfnis zu nennen

Gewiss manch einer mag denken, Tränen zeugen von Schwäche

Doch mag ich versichern, jed einzelne Träne, ist gegossen in des
wahr Stärke Fundament

Gewiss, der Wut zu begegnen, ist nicht selten ein Greuel

Keiner möcht' sie gerne haben, nicht zeigen, nicht erhalten

Wir alle haben bewegte Gründe, uns dieser Kraft zu entziehen

Manch einer Grund, sich Welt zu erschaffen, in der sie nicht lebt

Nun, Wut kann auch ein Gesicht haben, uns freundlich gesinnt

Denn Wut im Guten, schenkt uns Klarheit, Sinn für unsere Grenzen, Kraft zur Veränderung, Grund zur Bewegung

Ich bin gehemmt, wie leicht, entflieht dies aus dem Munde

Doch wie schwer diese Worte wiegen, bleibt uns Schleierhaft

Was einst diese Aussage zur Aussprache erwog, liegt uns Ferne

Doch ist die Tatsache die dahinter steht, immer noch ganz nahe

In Hemmung bin ich, da zwei Kräfte in mir wohnen, in Gleichzeit

Ich zwischen jener Zweien, mich gehemmt, mich gefangen fühle

Entfliehen will ich, in die eine Richtung, angespornt von Ängsten

In Gegenrichtung, mag ich entgegen gehen, von Liebe gerufen

So bin ich mittig zweier Kräfte, erstarrt, gehemmt von ihrer Kraft

Hemmung erlebe, gepresst von beiden Seiten, Lähmung erfasst

Erdrückt bin ich, von Bewegungslosigkeit erzwingend Macht

Doch wenn ich erlaube, das sie beide sein dürfen, gar zur selben
Zeit, erkenne ich meine Freiheit, gehen zu dürfen, wohin ich will

Ich, ich bin Mann und Frau zugleich, Braut und Bräutigam

Bin Körper, Geist und Seele, bin Leibesfrucht so heilig

Ich bin, das Genital Gottes, das weiblich, das männlich ebenso

Bin heilig Instrument, das Vereinigung, göttlich Hochzeit gewährt

Bin Phallus Gottes, eindringt in das Leben, gänzlich durchdringt

Bin Vulva die göttliche, kraftvoll Lebendigkeit schenkt, offen, Alles
und Geistiges empfängt

Wie hoch mag man können, den Turm der Illusionen erbauen

Bis er ohne der Realitäten Halt, ins Haltlos fällt, stürzt und bricht

Wie lange sieht man, was man sehen will, sieht nur Projektionen

Wohl bis die Wahrheit hindurch sich zeigt, durch das Trugesbild

Trug erscheint, bis wir bereit sind, zu sehen die Welt, wie sie ist

Wir annehmen, was sich uns entgegen schenkt, gänzlich ohne unser blindmachend Wollen

Fehler zu vermeiden, vermeidet eben gleich, das Wachstum

Dem nicht wachsen wollen, ist das Fehler machen, ein Greuel

Wenn ich nur inner meiner Grenzen stehe, bleibe ich darinnen

Wenn ich über meine Grenzen geh, erwachse ich über sie hinaus

Das Fehler machen selbst, ist gar Grenzübergang ins Unbekannt

Dort wartet das Neue, welch dem Fehler ist zu Dank verpflichtet

Angst vor dem Fehler, hat nur Moralist, für den dies Falsches ist

Doch Falsch und Richtig erlösen sich, wenn fehlerhaft Weg, der Scheinbare, uns ans Ziel der Liebe gebracht

Alles, gar wahrhaft Alles, ist bereits anwesend, ist da, ist hier

Hier präsent im Jetzt, ist die Liebe, ist Gott, ist mein wahres Sein

So hab ich wohl Angst vor wahr Begegnung, das ich mich scheu

Wer und was sollte mich wohl gar hemmen, das ich mich vereine

Nur im Schatten der Angst, bleibt ewig Verbundenheit verborgen

Im klar Lichte der Sehnsucht Wachheit, ist die Tür geöffnet, wird alles sichtbar, ist alles ganz nah

Ich könnte, wenn ich wollte

Jedoch, will ich nicht können, wenn ich erhöre ein Muss

Das Können alleine, zwingt mich nicht zu Taten, so höre ich nicht

Tun zum guten Zwecke, erleichtert mir mein Können und Wollen

So gebiert oft ein Muss, ein, ich will nicht, obschon man möchte

Und zu wissen, das man gar nichts muss, meint zugleich, das man alles tun und lassen kann

Ohne die stillend Liebe, will ich nicht sein

Ödland ist hier, wo auch groß Erfolg nur ein Trostpflaster ist

Ohne die stillend Liebe, will ich nicht leben, gewiss
In der finsteren Nacht, wo die wärmend Sonne niemals scheint

Ohne die stillend Liebe, will ich die restlich Stunden nicht zählen
Denn im Raume der Getrenntheit, bin ich fühlend immer allein

Zweifellos, ohne Liebe, will ich nicht sein, so geb ich mich ihr hin

Die Wahrscheinlichkeitsrechnung, ist gar hohe Kunst, Magie

Sie vereint lieb, die Künste der Intuition, Logik und Mathematik

Doch ist man auch ein Meister darinnen, Ungewissheit bleibt
Trotz allem Wissen, ein Mysterium ist stets der nächste Moment

Mag Rechnung auch stimmen, zwölf Stellen nach dem Komma
Das kommend Jetzt weiß nichts davon, bringt uns, was es will

So auch der klarste Blick ins Zukünftige, erhält eilends Trübung
Wenn das Schwert des Schicksals auf das Jetzt hernieder fährt

So jene Klinge teilt jungfräulich Augenblick, geboren wird Neues
Nun stellt sich getrost die Frage, ist die Zukunft unvermeidbar

Die Wahrheit ist unaussprechlich, ist erfahrbar einzig im Sein

So ist alles je Gesagte, nur halbe Wahrheit von der uns Erahnten

Alles Gesprochene, ist nur halbe Lüge, die halb Wahres verdeckt

In uns erkannt, äußeren Popanz, erfahren wir das wahr Ganze

In mir eine klare Stimme spricht, Freiheit absolut ist unser

Eine Stimme klar nicht minder ergänzt, Unfrei sind wir im Ganzen

In beider Weise, stimme ich zu, ganz ungeniert und sage ja

Doch weiß ich, im pur Sein verweilend, es sind nur halbe Wahrheiten, denn ich wiederhole, Wahrheit ist unaussprechlich

Ich bin schon im Erfolge, renne ihm hinterher, merke es nicht

Ich bin im Leben, suche Lebendigkeit, denn ich spüre mich nicht

Sein will ich, tue alles hinzukommen, bin doch längst darinnen

Ganz möchte ich sein, Ganzheit erringen, statt ihr zuzustimmen

Wissen schenkt keine Weisheit, gefunden wird sie auf dem Wege

So bleibt als Antwort nur das Atmen, das einatmend Ja zu allem und das zustimmend Ausatmen der Erleichterung

Unsere Identität, ist letzt nur Flickenteppich fabulierter Ideen

In Zement gegossen, wird sie Rüstung aus der kein Entkommen

Anerkennen wir ihr Relatives, können wir sie zum Besten nutzen

Können mit ihr als fliegend Teppich, durch das Leben schweben

Gespenstisch sich selbst jagend, mag sie zum Fluche wachsen

Oder, uns als Umstandskleide dienen, während zum Vorscheine
kommt, unser wahres Selbst

So frag ich mich und dies gewiss nicht zum ersten Male

Was will mein Verstand gerad und wonach sehnt sich mein Herz

Was ich will, macht nicht glücklich, auch wenn ich es bekomme

Dennoch rät mir die Vernunft, geh meinen Weg, Herzweg tut weh

Nun weiß mein Herz längst, Öffnung ist das Klügste, sie tut wohl

Heißt nicht, das die Entscheidung stets fällt zum Herzens Gunste

Denn der Verstand muss Ding haben, weil es mich doch ergänzt

Gut zu wissen, das Herz Ersehnte gehört längst zu mir, ist längst
Teil meiner Ganzheit

In des Schöpfers Planwerk, ist kaum Raum für Unsinniges

Sinn hat alles, sinnvoll, sinnfüllend, ist all des Kosmos Inhalt

So findet jed scheinbar Unsinn, zur rechten Zeit, die Würdigung

Ist der Sinn auch im Kleinen nicht erkennbar, im Großen wirkt er

Sinn hat alles, bezeugt ist dies in seiner Existenz bereits, gewiss

Lebensinn, ist durch Sein bedingt, Existenzberechtigung ohnehin

Ist nicht der Vater aller Dinge, der Wille, das Leben zu bereichern

Hat die Mutter Natur je geboren Ding, was nicht ihr Kind von Liebes Nutzen

Tun und machen, muss der Mensch in einem fort

Beschäftigungszwang möcht' man sie nennen, die Ruhelosigkeit

Immerzu muss er leisten, im Außen erbauen, im Innen denken

Unentwegt flieht er in eine bessere Zukunft, Flucht ohne Ankunft

Im Moment zu sein, ganz ohne Beschäftigung, scheint ihm höllig

Das Hamsterrad in dem er sich windet, läuft längst von alleine

Nun, nur einmal angehalten, ausgehalten der Sturmböen Kraft

Würde er feststellen, das im Augenblick kein Leisten von Nöten ist, das gar Frieden und Ruhe ganz umsonst hier herrscht

Gewiss, es gibt keine sichernd Vorbereitung für die Liebe

Kein schützend Plan, kein schonend Rezept, für das Leben

Sie überraschen uns aus dem Nichts heraus, in dem sie wohnen

All das Tun, um uns vor Leben und Liebe zu schützen, Zappelei

Bleibt nur sie zu riskieren, ihnen entgegenzugehen offen Herzens

Vorbereitet sind wir nie, wed auf ihr Kommen, noch aufs Gehen

Dies mag einer Detonation gleichen, oder der stillen Erscheinung

Einerlei, wir sind ihnen stets ergeben und wir erleben sie trotz ihrer Neutralität, je nach dem, als Fluch oder Segen

Entfalten will der Mensch, vom eingewickelt Drumherum

Entwickeln, was ihn gefangen hält, will aus sich heraus

Entwickeln will er Schicht um Schicht, so übrig ist nur das Sein

Entfalten Falz für Falz, all das ihn Verwickelnde, er will freier sein

So zieht ihn jenes frei sein wollen, tief Soges gleich, in seine Mitte

Springend hinein in seinen offen Seelen Trichter, fällt er so in sein Inneres, um in sich selbst zu versinken

Handlungszwang, welch unerbittlich groß Tyrann

Sitzend im Nacken, will er, das wir herunterbeten seine Litanei

Dies musst du tun, das musst du tun, entscheide dich sogleich

Erledige sofort, alles und noch mehr, Ende des Tun's ist verwehrt

Nichts wird vertagt, sein unbarmherzig Gesetz, wirke und wirke

Antworten muss man auf jed Impuls, Tun, auch wenn es verletzt

Handlungszwang, ist der Tyrann, der keine Ruhe will, noch gönnt

Er besteht auf Handlung, auch während des Nichtstun, auch wenn wir doch eigentlich der Handlung frei sind

Oh Schönheit, du bist da, gar immer und im Überall

Füllst aus mit deinem Wesen, auch kleinst Raum im Weltenall

Der Mensch sieht dich, wann er will, oftmals überhaupt nicht

Du zeigst dich offen, doch begegnen, tust du nur jenem der will

Hässlich, nennt dich Mancher, dein wahr Angesicht misskannt

Tränen sind dir es wert, wenn solch Seele an Blindheit erkrankt

Gewiss, mit der Liebe Augen, sieht ein jeder dich im Überall

Bleibst du den Augen verhüllt, ist das Herz im Leid verschlossen

78

Jeder hat eigen Weg der Augenöffnung, sagst du aus Mitgefühl

Jeder wacht auf, wann und wo er es will und beginnt auf seine eigen Art zu sehen

Meine Lebensreise gänzlich, ist ein holprig Blindflug gewiss

Ich schwebe durch seelisch Gezeiten, dem Bewegt sein bewusst

Paradoxerweise, denke ich gar oft, ich wüsste wo ich bin

Kenne den Ort meines Befindens, weiß, wohin die Reise sinnt

Doch letzt ist dies nur ein Trugbild, im besten Falle Ahnung ist

Im ärgsten Falle, nur Projektion meines Fürchten und Wollens

So imaginiere ich, ich komme von dort, bin jetzt hier, gehe weiter

Prompt öffnet sich eine Tür, ich trete ein und nichts ist wie zuvor

Alte Bilder verlieren Schein, mag dunkel oder hell belichtet sein

Geklärt ist mir klar, all was ich sehe ist Spiegelung der Welten, bin nicht ich

Frage mich, wo bin ich, wer ich bin, wohin führt die nächste Türe

Meine Antwort mag erschrecken, doch habe ich keine Andere

Ich weiß es nicht, ich erahne nur, es ist der Liebe liebstes Kind

Es ist alles richtig, wie es ist, ich bin stets richtig, meine Lebensreise ist eine Liebes Geburt

Wer rennt nicht eher offen Türe ein, als Barrieren zu erflehen

Ist gern gesehen, ist willkommen, als Gast zu sein den keiner will

Wohl jeder gewiss, wärmend Zuneigung wird doch gern gesehen

Ist einem jeden viel willkommener, als kaltes Abgewiesen sein

Doch, sind wir auch geneigt, zu warten vor verschlossen Türen

Ein Mancher letzt, welch Trauerspiel, wartet gar ein Leben lang

Versucht verriegelt Tür zu öffnen, die nie offen für ihn gedacht

Mit Charme, List und Gewalt, versucht der Mensch Unmögliches

Unglaublich gar, das wir in manch Hinsicht so Unbelehrbar sind

Welch Ambivalenz doch in uns herrscht, zwei Seelen pochen nicht
selten in unserer Brust

Ich brauche die Welt, ihr Spiegelbild, um mich zu verstehen

Muss begegnend ins Außen gehen, um Inneres von mir zu sehen

So spiegelt mir die Welt, was ich nicht sehen kann, nicht will

Mich anzuschauen, fällt im Spiegelbild doch gänzlich leichter

Ja, ich brauche die Welt, die mich nährt, Inneres verstehen lehrt

Wer ich nicht bin, was ich nicht will, im Weltbild mir klar erscheint

So habe ich gelernt, von dir geliebte Welt, wir brauchen einander

Wir sind allesamt gleichwertig Puzzleteile gewiss, sind ein gross Miteinander, das nur gemeinsam ein Ganzes ergibt

Ich sehe, wie klein Zwerge in uns tanzen, Kontrollbesessen

Sie hüpfen im genugtuend Machtgefühl, das ihnen Kontrolle gibt

Sie jubeln, ist innewohnende Machtlosigkeit für Sekund besiegt

Erlösung zeigen sie, die ihnen Illusion der bestätigt Kontrolle gibt

Von Machtlosigkeit zu Machtlosigkeit sie hangelnd kontrollieren

Verachtend schauen sie aufs Leben, das scheinbar bezwungen

So dressieren sie mit jed Kontrolle, scheinbar all Lebendigkeit

Betäuben die innewohnende Bewusstheit im Menschen, über die Unkontrollierbarkeit, die stet im Leben wohnt

Event, das Tod nicht bringt, ist oft nicht ernst genommen

Führt es heute nicht zum Tode, ist es morgen schon vergessen

Ein Herzinfarkt, ist er nicht vom Tod gefolgt, verliert eilends Bang

Stirbt man nicht, ist Ehrfurcht vor dem Tode schnell verronnen

Klopft der Tod erst an, sagt man gar, hätte ich es doch gewusst

Alle singen im Chor, hätten wir es geahnt, wir hätten was getan

Doch der Tod kann sagen was er will, partout, wir hören nicht

Der Trug Unsterblich zu sein, macht uns taub auf diesen Ohren

Steht der Tod dann letzt endlich faktisch vor unserer Türe

So klagen wir, dass wir von unserer Sterblichkeit nichts wussten

Vergebung, kennt keine Gründe und kostet auch nichts

Kostet keinen Cent, dem Vergebenen, noch dem der vergibt

Vergebung hat keine Wahl, verschenkt sich wenn es ihre Zeit ist

Sie ist natürlich Antwort, wenn wir der Liebe Wahrheit begegnen

Vergebung wohnt im Mitgefühl, das wir für uns, für andere hegen

Wer sagt, ich vergebe wenn, hat weit am Ziel vorbei geschossen

Denn im magisch Moment der Vergebung, ist Wollen ohne Sinn

So denn, wer mitten ins Schwarze, auf die Vergebung trifft, vergisst im Nu jed Wenn und Aber

Gottes Pläne, fürwahr, kein Menschenheer mag sie kreuzen

So ist es kein hoh Ziele, kein titanisch Aufwand mag es erreichen

So geschieht stets nur das, was geschehen muss, ist folgerichtig

Entspanne dich oh Menschheit, dein Einfluss ist begrenzt gewiss

Jed Geschehnis ist unaufhaltsam, ob wir es wollen, oder nicht

Jed Nicht-Geschehen bietet Leerraum, für dies was geschieht

So wird der Prophet zum Prophet nicht weil er will, weil er muss

Jener welcher Ohren hat, der höre, wie es der Ohren nutzen ist

Gebe dem Kaiser, was des Kaisers ist, dem Propheten die Worte

Jenen die horchen wollen Weisung, den Hungernden die Brote

Das Sterben in dich hinein, macht mich gar lebendiger

So alles was ich entlasse, was nicht wahr Meines, wird zum Du

Sterbensfreude mich erfüllt, so ich leerer werde von unnütz Ding

Lichterfüllt ich bin, wenn ich dich am End des Lebenstunnels seh

Nicht selten halte ich fest, an dem was ich denke, was ich bin

Doch endlich losgelassen am Konzepte, ist mir leichter, ohnehin

Oft sehe ich erst im Nachhinein, dass etwas nicht das Meine war

Bewusstsein, übrig mein Essentielles, macht mir dies dann klarer

Der Tagtraum, ist der kleine Tod des alleinlebig Jetzt

Auch in den Tagträumen sterben wir hinein ins Illusionäre

Im Jetzt zu sein, ist keine halbe Sache, leicht ist es und flüchtig

Im Jetzt zu sein, ist Ganzwerdung, bedarf den ganzen Menschen

So wissen wir genau, wenn im Jetzte leben, jetzt darinnen sind

Denn da hat kein Morgen, Gestern, noch Heute, Ort noch Raum

Des Lehrers Weisheitsgröße, ist gar seine Nicht-Wissenheit

Ist gewiss, das er nicht beantworten muss noch kann jede Frage

Seine Lehrerschaft, hört nicht auf, mit unbeantwortet Fragerei

Im Gegenteile, beginnt damit, mit Fragelosigkeit und Staunen

So wenn die Worte ihr natürlich Ende finden, Wortfluss versiegt

Öffnet sich der Raum, für Begegnung, für Miteinander im Sein

Unverbindlichkeit, oh du all zu oft gehört Modewort gewiss

Auch bei mir wird die Freiheit des Menschen groß geschrieben

Doch höre ich zwischen den Zeilen, ein mir bitter werdend Klang

Höre dich sagen, gebe mir was ich brauche, ich gebe nichts

Höre nicht die Freiheit rufen, sondern Furcht zu verlieren, fluchen

Höre, ich habe nichts, ich gebe nichts, doch wollen tue ich viel

Ganz sicher willst du sein, doch von dir darf man nichts erwarten

In deiner Verkleidung, liebst Unverbindlichkeit, scheint mir alles
frei von Liebe, ist letzt nur freie Egozentrik

Was im Jetzt, vor uns sich zeigt, will gesehen sein, gänzlich

Was an die Oberfläche schwemmt, will uns nahe werden, sein

All Anderes ist ebenso vorhanden, ist unter Oberfläche weilend

Ganzheit, ist uns natürlich, wenn auch oft nur Teile zu sehen sind

So ist, was wir gerad erblicken, das Vordergründigste, gewiss

Ist uns nahe, aus gutem Grunde, mit Einblick in die Seelen Tiefe

Dem engst Blicke des Widerstands, weilt die Liebe oft verborgen

Doch ist sie da, gar fraglos, unter der Oberfläche uns umsorgend

Auch im umgekehrten Falle, wenn die Liebe alles überblendet

Kann man wissen, vom Schatten, der möglicher Weise uns im Morgen ereilt

Wie oft bin ich am Flüchten, fliehe hinfort, hinfort, hinfort

Bin sogleich froh im Herzen, wenn ich nicht mehr fliehen kann

Wenn ich letzt zur Ruhe komm, da alle Fluchtwege verschlossen

Jetzt, nur noch der Weg zu Dir mir offen steht, ganz ohne Zwang

Denn letzt bin ich es der flieht, auch der, der nicht fliehen möcht'

Ich bestehe aus Freiheitslust, auf das Recht zur Flucht, doch die Liebe in mir, weiß vom Leid des Flüchtenden

Die Reise auf die Erde, in die Welt, war stets nur halbes Ziel

Die andere Hälfte, ist Heimkehr, zu Gott, zur Liebe, zu sich selbst

Zur Untermiete sind wir hier, um Freiheit, Individualität zu ehren

Doch ist dies nur temporär Vergnügen, unsere wahre Heimat ruft

Hier in Trennung, von Ein und Alles, wir werden eigne Geschichte

Doch die Einheit stets vorhanden, Urgrund allen Seins, ruft nach Heimkehr, nach Verbundenheit

Auf der Erde, allgemein Treffen des Widerstandes, sich zeigt

Widerstände, treffen aufeinander überall, messen sich zu Zweit

Widerstände, Innen und Außen, erheben sich im Gegeneinander

Stetig Kampf der tobt, in mir, in dir, es kämpfen Angst und Liebe

Im Widerstande, Wasser, Erde, Luft, alles reibt sich aneinander

Wenn Versöhnung die Zweiheit eint, ist der Widerstand vom Mensch genommen, so erkennt er der Liebe Miteinander

Entscheidung, ein scharfes Schwert, Bewusstseinsklinge

Entscheidungskraft, schneidet entzwei die Welt mit klar Schnitte

Entscheidung, Heldentat alltäglich, entschieden ist die Richtung

Ambivalenz, ein Gemetzel das viele Schnitte macht, gar ewiglich

Entscheidung ist gefällt, Hier und Jetzt, somit der Ruhe Anfang

Ambivalenz indes, ohne Anfang, ohne Ende, niemals wirklich Frieden schenkt

Offenbarungseid meiner Seele, hilflos bin ich gänzlich

Mein Wissen, ach so begrenzt, mich kaum ans liebe Ziele bringt

Ziel ist ersehnt die Ganzwerdung, eins sein mit dem ein und alles

Ohne Ganzheit, erleb ich mich nur als Teil, in Unvollkommenheit

Führend Hände brauche ich, das ich Richtung und Wege find

Alleine bin ich verloren Schäflein, auf der Suche nach der Tränke

Mag sein, wie Wasser vom Berge in die See im Tale münden will

Eben gleich, findet auch die Hilfe die ich begehr, ihren natürlich Weg zur Hilflosigkeit, zu mir

Zwei Vögelein zwitschern das alt Lied des Patriarchentum

Dämlich und herrlich sind die lebend Töchter des Patriarchen

Geschwister, des längst verstorben Vaters der Unterdrückung

Dem Weiblichen das Schwache zu getan, dem Manne das Große

Kaum zu glauben, das sie leben, gar, das sie noch herrschen

Doch ist es wahr und noch schlimmer, denn solange sie gebraucht
in falschem Sinne, lebt auch der Vater weiterhin

Das Spiel des Lebens, ein nivellierend Wiegen hin und her

Das Pendel schlägt aus vom Äußersten, unbedingt zur Mitte hin

Zuneigung, hinein in die Welt, auch sein, offen empfänglich Tore

Stet auf und ab, hin und her, pulsierend der Takt des Gebärens

Ein Streben, sich ergreifen, sich ergeben, ein sich nehmen lassen

Ein Geben, ein Nehmen, Erobernd gehen, sich erobern lassen

Ein und Ausatmung, den Rhythmus gibt das Lebensliebesspiel

Saugen, inhalieren, um Ganz zu werden, ein sich ganz verlieren

Hingegeben, das Eine sich gibt, Anderes will genommen werden

Das Spiel des Lebens, stet Sterben hinein, stet Geburt ins Ganze,
siehe oh Menschenkind, alles tanzt

Ich staune in die Welt, staune in mich selbst hinein

Staunend ich mich frage, wo mag nur, mein wahr Einfluss sein

Bin ich nur Schachfigur, vom Schicksal gezogen, so wie es will

Habe ich zuletzt eine Wahl, wo finde ich ihn, den freien Willen

Ich sehe, wie Spielfigur um Spielfigur, sich bewegt durch Kräfte

Ahne in mir, auch Bewegkraft, ahne, wie fremdbestimmt ich bin

Was ist jener Eigenwille der in mir lebt, ist Er der Freiheit Kind

Oder ist er nur naiv Versuch, dem golden Käfig zu entweichen

Aus dem leicht Sein gefallen, ins schwerkraft Erdene hinein

Ist der Mensch sogleich dem Untertan, was wir Maya nennen

Ein Millimeter fern dem Einsein, das Illusionäre eilig übernimmt

Anhaftung zeigt sich prompt, wenn wir der Dualität uns nähern

Mache dir kein Bildnis von mir, einst so weise wurde verkündigt

Dem zum Trotze, nun die Welt besteht aus Bild, Konzept, Begriff

Nun offenbar, die Welt wie wir sie kennen, ist ein Ideen Mosaik

Einen Fuß hinein gesetzt, kein Entrinnen, man muss tanzen, nach den Erden Gesetzen

Ein Adler im hoh' Fluge auf die Erde staunt, Mitgefühl laut

Menschenmenge ihm gar unverhofft, den langen Atem raubt

Der eine lauthals prahlt, mein Leben habe ich im Griff, im Ganzen

Welch Wahn möcht dies entsprungen sein, der Vogel sich denkt

Ein Mensch daneben verspricht, nicht weniger blasphemisch

Ich weiß genau, wie das Leben läuft, dem Adler Wehe schenkt

Nun im Chor einige singen, die Erde ist dem Menschen Untertan

Kaum zu glauben, wie bequem jene in ihrer Illusionsblase leben

Froh sieht der Adler nun, das einer teilweis Ohnmacht postuliert

Er zum Teil vorm Leben kapituliert, bedingten Einfluss akzeptiert

Einer der Menschen gar, das Kapitulieren groß zu schreiben weiß

Vermutlich den Vogel erkennt, von Ergebenheit und Demut hörte

Dem Adler schwindelig in der Höhe, von all der Überheblichkeit

Letzt Worte aus dem Schnabel kommen im Sturzfluge, wenn ich
dies so beschaue, machtlos bin ich, gar machtloser als machtlos

Jed Manipulator, aus Verständnis pur, groß Mitgefühl gehört

Aus Angst er diese Fäden zieht, bange, weil er nicht anders weiß

Er tut was er gelernt aus Kinderzeiten, Überlebens Art und Weis

Wird selbst gesteuert, Furcht, manipuliert den Manipulierenden

So findet man sich, man steuert sich gegenseitig dann und wann

Frei ist keiner, wer Manipulatives nötig, ist aus Angst getrieben

Der dies durchschaut jedoch, sich manipulieren lässt, ja arrogant

Ist der wahre Schelm, er will das Opfer retten, stellt sich über alle

Will nicht einsehen das Unmögliche, das dies par tout nicht geht

Ist selbst größt manipuliert, von Arroganz und Kontrollgebaren

So wer manipulieren muss, weil er unbewusst, weil er in Nöten

Dem sei verziehen, seine Überlebensgebärde, Tun des Fürchtens

Doch einem längst Aufgewachten, der den Schläfer wecken will

Dem sei betont, Heilung liegt nicht in seinen Händen, dies grenzt
gewiss an Größenwahn

Hörte man je einen Fluss fließen widersprechen, wohl kaum

Denn des Flusses Wesen ist, zu fließen in den freien Raum

So, wenn er auf Widerstande trifft, kennt er kein, ich will nicht

Er räumt gewiss aus dem Wege, was ihm leicht und möglich ist

Ist Widerstand zu groß, will er nicht gehen durch Unmögliches

Er ist nicht unterworfen dem Eigenwillen, darf natürlich umfließen

Ein Fluss sieht keinen Mangel im freien Raume, zu dem er fließt

Denn es ist der Feuchtigkeit Fülle, in der er existiert, er gewiss, von der Fülle im Überall weiß

Ich habe nicht alles, fraglos, doch habe ich genug

Ich habe gar das Meiste nicht, Besitzeslast schon fast zuviel

Kaum kann ich nennen irgendwas, im Kosmos das Meine

Ich habe nichts, trage dennoch schwer, besitzlos ich mich heiße

Was an mir haftet, ist fürs Leben genüge, dem Tode keine Last

Habe wenig kaum erwähnbar, doch es wandelt rasch zur Bürde

Ja, ich habe gar nichts, außer klar Bewusstheit über das Selbige

Jedoch war dies genüge bislange, um meinen Magen zu füllen

Das Menschenleben, ist ein stet Balanceakt, gewiss

Gleichgewicht möcht' herrschen, inzwischen der vielen Pole

Hoch und Tief, Leicht und Schweres, sich gegenseitig gewichten

Nivellierungskräfte hebeln, das Frieden inmitten beider gedeiht

Leid und Freud ihre eignen Schwerpunkte bald alltäglich nennen

Zuviel vom Einem Unruh wiegt, Ausgleich sich im best Falle zeigt

Wie ergibt sich nur, aus der Summe aller Gefühle, ruhig Gemüt

Wie führt das Auf und Ab der Liebesleiter, letzt doch nach Oben

Was hält die Waage nur, zwischen Bedürfnis und Ungestilltem

Welch magisch Kraft gleicht aus jenen Balanceakt, den wir unser täglich Leben nennen

Bin ich doch zuletzt nur, Sammelsurium von Widersprüchen

Unglaublich, das dies Gemenge, zusammenhaltend Ganzes gibt

Will der Mensch Wunder sehen, sollte er sich selbst bestaunen

Wunderbar gewiss, das all dies Gegeneinander zueinander führt

So will ich fliegen, ohne Flügel, will haben, ohne zu besitzen

Nichts säen, dennoch ernten, nicht gehen, dennoch ankommen

Will frei sein, Preis der Verantwortung, diese Kosten will ich nicht

So will ich letzt, das Leben leben, ohne das Leben zu riskieren

Widersprüche über Widersprüche, welch Wunder, das ich bin

Ich in all Gegenseitigkeit, letzt doch finde zu mir, Ganzes ersinn'

Dein Name Heilung sich nennt, bist Leben und Tod zugleich

Du schenkst uns aus deiner Ewigkeit, Lebensmoment

Ganzheit ist die Deine, du uns lieb Eigenanteil von ihr gewährst

Du durch uns in die Welt, letzt zurück zum Selbst hinein bewirkst

In deinem Spiegelbild, stetes Heilsein, auch für Blinde sich zeigt

Hier wird sichtbar gar leicht, das nur einzig heile Heimat existiert,
wahr Zuhause welch wir nie verließen

Hybris ergreift den Menschen, ihm gehöre mehr als das Jetzt

Er ja gar dreist denkt, das er nächst Moment kontrollieren könnt'

Ist es nicht offen Geheimnis, nicht einmal, das Jetzt ist zähmbar

Offen Herzens zu empfangen, an groß Einfluss mag es mangeln

Einzig mein bewusstes Hinsehen, macht den Unterschied

Intensiviert ist das Erleben, bin ich ihm erst entgegen gegangen

So ist letzt jed fix Idee, das es verlässlich Planung gibt im Leben

Nur Krückstock, für die verloren, lahm geworden unsicher Seele

Seele verunsichert, die sich dem Momente nicht hingeben kann

Sich nicht verschenken kann, dem einzig sicher Jetzte, und dies
eben gänzlich ohne Kontrolle

Um mich herum, die Welt wird ganz stille

So frage ich mich, was will wohl der große Wille

Etwaig des Menschen zu sich kommen, Ankunft im eigen Selbst

Vielleicht im besten Sinne, zurück zu finden aus dem eigen Irren

Will der heilig Wille, ist es gar möglich, des Menschen erwachen

Möcht an Schlafstatt rütteln, das die Menschheit zu sich kommt

Sich der Mensch in äußerer Stille, selbst im Innern hören kann

Sein eigen inneres Rufen, den Ruf nach Heimat vernehmen mag

Ist jene Stille gar, die ich gerad erfahre, der göttlich Ruf ins Innen

Gestattet sei die Vermutung, wer nicht hören will, muss fühlen

Wenn ich zu mir komme, dies sei wohl unbestritten

Dann fühl ich mich wohl in mir, in meinem Innern

Fraglos, wenn ich bei mir bin, ich nicht alleine, gar in Frieden bin

Frieden, den mir die eigne Gegenwart, das Sein in Liebe schenkt

In mir Klarheit ist, in jener still Begegnung, ich fühle, wer ich bin

Hier ich in mir, mit mir und der Welt, gänzlich im reinen einen bin

So entspanne ich mich in mich hinein, hinein ins Hier und Jetzt

Versinke hinein, in meinen fühlend Körper, in Geist und Seele

Hier kann ich ganz allein, mühelos, einfach nur wahr Ich sein

Bin Individuum, frei ganz und gar, habe alles was ich brauche

Der Mensch, er rennt, flieht alltäglich ins Morgen

Er sucht das Nachher gar immerfort, ohne jemals anzukommen

Um so eiliger er rennt, so unwahrscheinlicher seine Ankunft

Denn das sein wollen im Nachher, ist des Momentes Leugnung

Je mehr er ankommen möcht, um so weniger möcht er hier sein

Erst die Ankunft im Jetzt, schenkt ihm Langsamkeit und Stillung

Tür verschließt sich um Tür, dies ist das Spiel des Lebens

Zu guter letzt, bleibt nur noch ultimo, die Eine offen

So gewiss, wenn all irdisch Türen verschlossen sind, fürwahr

Sind wir in Freiheit, befreit von allem Leiden, sind hier bei dir

Denn alle Wege sind letzt Umwege, führen nur von Tür zu Tür

Und der einzig Pfad der offen bleibt, die letzte Tür, führt zuletzt auf direktem Wege zu dir

Du schenkst mir allezeit Vertrauen

Was letzt heisst, du vertraust mir ganz und gar

Doch gewiss, Vertrauen geben, das kannst du mir nicht

Vertrauen, ist nicht zu vergeben, Vertrauen ergibt sich von selbst

Vertrauen, erhält man als Gewinn, so ist das Leben riskiert

Es ist die Lebenserfahrung, die selbst Vertrauen mit sich bringt

So lebe, handle und gebe dich hin, oh Mensch

Was dich längst schon erwartet, verdient, ist Vertrauen an sich

Erlebt der Mensch sich ohne Liebe

Strebt er nach körperlich Stärke, um andere zu besiegen

Auch möcht' er schön sein, immer schöner

Attraktivität möcht' er vermitteln, um zu bekommen was er misst

Nach Gesundheit totale, ist somit sein täglich infantil Ersuchen

Ungeheuerlich gewiss, dem Tode zu trotzen, um ewig zu leben

Alles tut der Mensch, um ein anderer zu sein, sich zu übergehen

Doch letzt misst er sich nur selbst, misst nur seine eigen Liebe

Wer alles besser weiß, dem kann nicht geholfen werden

Wer jede Antwort sein eigen nennt, dem ist Fragen ohne Nutzen

So verschwende nicht Atem an jene, die weise Worte scheuen

Atemlos sie machen, da guter Wille, an ihrem Eigenwillen bricht

Schweige, anstatt dessen stille, denn die hören wollen, hören

Und auch unausgesprochen Wort, wird des offen Menschen Herz
erfüllen

Bin ich bereit auszusprechen, die wahrheitssuchend Fragen

Bekomme ich Antworten gewiss, erleuchtend Moment und Sein

So bin ich bereit, mich zu sehen, als Menschen Gefäß, leer allein

Ist mein Geschenk der Inhalt, der sich geistig nennt, beseelt

Bin ich bereit, Antwort zu empfangen, aus Geistwelt im Dienste

Erhalte ich letzt Antwort, gar für Fragen, die noch nicht gestellt

So ist die Bereitschaft, gewiss der Schlüssel, der Türen eröffnet

Doch nicht zwingend Aufschluss schenkt, über das was kommt

Inzwischen Geburt und Tod, ist hier im Jetzte unsere Mitte

Hier stehen wir, suchend den Weg, in die eigne Tiefe nach Innen

Auf unserer Lebenslinie akkurat, sich erfahrend im Moment

Bleibt unser Bezug zum Leben und Sterben, ein Relatives stets

Von Sekund' zu Sekund', hüpft unsere Mitte, von Mitte zu Mitte

So das wir ungeachtet äußerer Umstände, uns stets im Zentrum, in der Mitte unseres Lebens befinden

Unser Leben, angelegt aus Mosaiksteinen, gar unzählig viele

Schöne und weniger schöne, fügen sich nahtlos aneinander

So ist jed Puzzlestück für sich, gleich wertvoll, rund oder eckig

Schwarzweiß oder bunt, Leid oder Freud, jed Teil ist unersetzlich

So scheint auch Erlebtes im Momente, nicht sinnvoll, unerklärbar

Zuletzt passt das Bild zusammen, und auf wundersame Weis', ergibt die Fügung das Liebesbild im Ganzen

Die Wahrheit ist sichtbar, gar unbedingt im Überall

Demut öffnete mir die Augen, und ich sah

Zuvor waren meine Augen verschlossen, Angst trübte Augenlicht

So war ich gefangen in eignen Ideen, in Tagen der Finsternis

Nicht ahnend, nicht wissend, von der Erkrankung meiner Sicht

Nicht ahnend, erblindet im Hochmut, der Demut Geheimnis

Gewiss, gesprochen ist hier nicht, vom Auge des Physischen

Dessen blendend Funktion gar hindert, die Schau ins Tiefe

Nein, es ist das Sehen des Herzens, welch schaut das Offenbare

Oft eingetrübt durch der Angst Verschleierung, Wahres gerade nicht sieht

Die Demut, ist des Stolzes lieb Platzverweis

Der Stolz wiederum, räumt niemals ein, der Demut Liebesplatze

Im Stolz gewiss, findet sich weder Raum noch Zeit für Offenheit

Verschlossenheit ist ihm eigen, er möcht' nicht von sich weichen

So ist der Mensch im Stolz gefangen, ist er nicht empfangend

Entgehen tut ihm sodann, das groß Geschenk des Lebens, die un-
kontrollierbare Lebendigkeit

Das wir nicht wissen, wer wir sind, will keiner wissen

Niemand möcht' erinnert sein, das er sich vergessen hat

Gewiss, da eben niemand weiß, wer er wahrhaft ist

Haltet ein jeder fest partout, an seiner eignen kleinen Welt

Auf die Frage, wer, wer bin ich, hat ein jeder eilig Antwort

Doch gäbe er sich erhellend Zeit, sehe er des Truges Angesicht

Wüßte, all das geglaubt, gelernt und sichtbar Ich, ich bin es nicht

Reines Bewusstsein, der Zeuge, bin ich letzt, doch fraglos, Bewusst-
sein, sieht man nicht

Du, du bist das ewig Licht, gar unvergänglich

An dir darf ich mich entzünden stets, aufs Neue immer wieder

Und empfind ich mich auch im Schattenreiche, Innen gar Außen

Ein Funke deines Glühens, ist auch hier ein stet entzündlich Gast

Fürwahr, wenn ich nur möchte, das Erleuchtung mich beseelt

Brauche ich nur zu atmen, deinen Atem, und unser beider Funke
wird erklimmen

Alles ist längst seiend, in deinem liebend Licht

Denn ein Außerhalb von dir, vom göttlich Lichte, gibt es nicht

So ist verkündet, wenn alles bereits urgründlich erleuchtet ist

Bewirkt Erleuchtung nur Helles, wenn man sie ins Dunkel lässt

In der Ganzheit an sich, gibt Licht keine Mehrung an Erleuchtung

Doch im irdisch Polaren, ist all was sich erleuchtet, eine erhellend und wärmend Erfahrung

Oh Mensch, der so gerne richtet, Urteile fällt allzu schnelle

Du, der gerne entscheidet, über Leben und Tod, erhöre den Ruf

Sei gewiss, gute Menschen oder schlechte, die gibt es hier nicht

Wed höher noch tiefer Gestellte, wed Verdammt noch Begnadete

Sei versichert, wir alle sind gleich, sind Brüder und Schwestern

Einerlei der Hautfarbe, der Gesinnung, einerlei dem Geschlechte

Jeder einzelne von uns, wir alle, haben uns eingefunden im Jetzt

Sind Mensch, sind Umherirrende in dieser Welt, auf der einsam Suche nach dem Ausweg

Die Hoffnung stirbt zuletzt, sagt man, oft gar prophetisch

Doch dies ist in der Hoffnung Welt nicht wahr, gerad sie stirbt nie

Und sei es auch so, könnte Hoffnung wirklich Tod erfahren

Einerlei, denn sie ist wieder geboren sekündlich, in jedem Kinde

So ist sie wohl einerseits unsterblich, sichtbar oder unsichtbar

Anderseits sogleich, erfährt sie in jedem Kinde aufs Neue ihre Niederkunft, gleich dem Phönix aus der Asche

Stolz ist der Pfau des Besitzes, auf der Fahne steht, ich habe

Er schreitet erblindet über Leichen, selbst über die eigene

Was er hat das möchte er zeigen, Anerkennung ist ihm jed Blick

Was er will, ruft ihn zum Nehmen, ganz gleich der Lebens Kosten

Er will mehr und mehr, Haben ist seine Religion, nicht das Sein

Innen ganz leer, zeigt er nach außen golden Fassade, nicht wissend, dass er stirbt

Gewiss, das aufgebläht Ego, letzt genannt auch Identität

Dies Trugbild, ist die Axt im Walde, des spirituellen Prinzips

Nichts ist im heilig, ängstlich spalten tut dessen Schneide alles

Dem Selbstschutz ist geopfert, all Gutes an das man je geglaubt

Liebe, Mitgefühl, Mensch zu sein, sind ihm das größte Opfer

Bedrohung ist ihm jed spirituell Wachstum, ist ihm ein jäher Tod

So zurecht gestutzt sein Übermass, bleibt übrig nur einfach Ich

Das Ego, ein dienend Ich, das nicht allzu ernst genommen, erfüllt seine angestammte Pflicht

Alles was mich erfüllen mag, ist nicht Besitz der Meine

Fürwahr, all das Gut gehört nicht mir, ist nur geliehen Inhalt

Inhalt göttlich unbedingt, Inhalt, deren Gefäß ich sein darf

Inhalt, der ungeachtet von Form und Farbe, nicht mir gehört

So gewiss manch Füllung fühlt sich wohl an, in meinem Sinne

Nicht weniger göttlich ist Unwohlsein, das ich auch in mir finde

Erfüllung erfahr' ich gänzlich, unabhängig vom Werte des Inhalts

Erfüllung erleb' ich, wenn ich des Inhalts Liebesgehalt im Jeweiligen gewahr

Liebe mehrt Liebe, gebärt sich selbst gar immerzu

Obgleich im großen Sinne, keinerlei Mehrung zu Grunde liegt

Nichts will man, doch bekommt man ungefragt, mehr als viel

Liebe verschenkt sich selbst, wird nicht mehr, noch weniger

Wer Liebe sich nehmen will mit Willen, greift stets in die Leere

Obschon sie überall zu finden ist, anwesend ist, in jeder Sekund'

Letzt mag sie jedoch nur jener erblicken, sie als wahr erspüren

Der sie bedingungslos willkommen heißt, sie gerad empfängt

Alles vereinigt sich im steten Fluss, ist Vereinigung an sich

Auch ich, vereinige mich mit dir, sekündlich

So alles geschäftlich Tun des sich Einen, ist letzt verhinderlich

Bewusst mögen wir sein, das es geschieht, stet, ganz von alleine

Leben, das Existente, spielt das Spiel der Hochzeit permanente

Sich liebend, vereinigend, Nichts ist getrennt in keiner Sekund',
sich wandelnd, sich gestaltend wiederfind'

In irdisch Gefilden, oh Mensch, gibt es stets zweierlei Kräfte

Finde im Momente, stets im Sein dazwischen, das Mittige

Gewiss manchmal, wehen sie uns hin und her, sanft in der Wiege

Doch nicht selten, zerren sie an uns, gerad bis zum Bersten

Stets bitten sie uns dabei, um Hingabe, an der Kräfte Bestreben

Dies schenkt uns das Erfahren, von behütet Essenz und Mitte, schenkt uns Leben

Oh wie schön ist es zu wissen, der Wahrheit Gesicht

Wie friedlich es sich zeigt, wenn sich der Isis Schleier lüftet

Hier zeigt sich, wahr Daheim sein, im dunklen Schoße der Mutter

Daheim sein sogleich, in der Lichtglut des Himmels

Eins, ist hier gar Licht und Schatten, alles, zeigt nur ein Gesicht

Eins, ist das Oben, das Unten, Einung findet Mensch und Gott

Der Kräfte zwei, führen ins Eine, erinnern wahre Herkunft

Vater, Mutter und Sohn, nennen sich hier nur noch, ein einzig Ich

Kein Mensch mag verhindern, kosmisch Ereignis

Ein aufgehend Stern zieht stet seine Bahnen, verglüht oder nicht

Das Schicksal ist eine Sternenkarte, gezeichnet fein und klar

Des Menschen Wehr, kondensierend Atem am Unabänderlichen

Des Menschen Verstand, ruft nach Zähmung, nach Kontrolle

Doch das Natürliche, findet stets seinen Weg, hat keine Zügel

So der Mensch rennt immerzu, bleibt stehen, verweilt und flieht

Einerlei was er letzt tut, er kann dem Schicksal nicht entkommen

So sei geraten dem Menschen, entspanne dich, harre der Dinge

Tue was du willst, einerlei, doch glaube nicht, du könntest deine
Zukunft erzwingen

Vertrauen, heißt nicht, zu glauben, gar alles zu bekommen

Heißt nicht, zu hoffen, das die Sonne ewiglich wolkenlos scheint

Vertrauen heißt wissen, das die Sonne da ist, auch unsichtbar

Helle durchscheint, auch wenn eine Wolke sie mag verdecken

So erhalten wir zwar nicht stets was wir wollen, in bewölkter Zeit

Doch vertrauen heißt hier zu wissen, all das zu haben im Momente,
all jenes was wir brauchen

So spricht der Bauer zu seinem Vieh

Du bist das Schwein, ich bin der Hirte

Du bist wie du bist, darfst sein in meinem Raume eben dieses

Treu bist du deiner Natur, kannst letzt nicht anders sein

Fraglich nur, spricht dein so sein auch aus, ein Etwas über mich

Ist dein Sein autark, oder gar nahe eng dem Sein dem Meinen

Wirft dein Sein, dein Tun, Schatten auch in meinem Stalle

Oder zeigt dein Schattenspiel alleine nur, die Großzügigkeit meines Lichtes

Ich bin klein Flämmlein nur, von Dir lieb entzündet

Bin zur Flamme geworden, allein weil du dies wolltest

Dein Atem auch der kleinste, lässt mich erlöschen im Nu

Gleichwohl, mag jener mich, zu einem Steppenbrand entfachen

Mein Aufglühen in Kürze, ist geboren aus deinem ewig Licht

Ob ich, nur mich erhelle, oder die Welt zur Erleuchtung bringe, obliegt alleine deinem Gericht

Wer den Teufel verteufelt, macht aus Gott ein Götzlein

Denn wer die Schöpfung schmälert, spiegelt klein den Schöpfer

So der Sohn unrecht Größe gewinnt, verliert der Vater die Selbe

Eilends vergisst der Schatten, dass er von der Sonne gespendet

Allein seine wahre Größe ahnend, erkennt man Gott in allem

Dies heißt in Kürze, da es letzt nur Gott gibt im Überall, ist auch alles in ihm Zuhause

Wer nennt das Gras gesund, weil es sich hingibt dem Winde

Nennt es erkrankt, nur weil es bricht, an der Kraft einer Hufe

Wer schreibt schlüpfend Schildkröte gesund, da sie Ozean findet

Schreibt sie krank, da sie Wasser nicht erreicht, findet ewig Ruh

Wohl niemand, sogenannt Gesundheit ist hier nicht zu finden

Fremd ist der Natur, statisch Zustand zwischen Leben und Tod

So such auch ich nicht das Phantom vollkommener Gesundheit

Nehme anstatt dessen an, das Leben und den Tod als Natürlich, nehme an die Unvollkommenheit wie sie ist, in jedem Momente

Ich schaue auf die Landschaft, sehe sie, von mir getrennt

Dann werde ich gewahr, das auch ich ein Teil der Landschaft bin

Mein Verstand stimmt zu, sagt, das ich gerade mittig in ihr stehe

Mein Gefühl weiß mehr, weiß, dass ich gänzlich Landschaft bin

Außerhalb des Ganzen gibt es nicht, dies ist der Ganzheit Natur

So alles was sich in ihr befindet, hat seinen Platz und ist genährt

Fürwahr, niemand kann ich bitten, hinein in mein Boot

Ein Ein-Mann-Boot ist es nur, ein Ort nur für mich und das Eine

Kein Mensch, kein Ding, findet hier innen Platz noch Raum

Ich bin alleinig Passagier, bin Navigator, Steuermann und Segel

Offenbarst du dich mir jedoch, als Ozean, als Schiff, als Kapitän

So verschmelze ich mit dir im Nu, und letzt muss auch mein Ich,
aus dem Boote gehen

Man kann Gott nicht sehen, sagt man kategorisch

Doch ist er zu sehen vielleicht, wer weiß, im Überall

Nun ob man ihn sehen kann oder nicht, hier ganz einerlei

Man kann Gott sein, gewiss, denn im Sein ist Gott stets daheim

Leben wir in wahrgenommen Trennung, ist er fern, ist unsichtbar

Im Sein, in der Verschmelzung mit allem jedoch, ist auch er stet präsent ohnehin, hier liegt die Identifikation mit ihm

Ich bin nur ein Tröpflein winzig Wissen

Mich ahnend, befindlich in der Unwissenheit unendlich See

Einst verloren im Truge, viel, gar alles zu wissen

Nun mich in Weisheit wiedergefunden, hier in groß Unwissenheit

Strampelei des Nichtschwimmers, ist jed Streben nach Wissen

Getragen sind wir nur von der Ozeans Größe, im Eingeständnis des Unleugbaren, erkannt das Unvermeidliche

Meine Trauer, Halbwertszeit Unendlichkeit

Alle Zeiten gedoppelt, vervielfacht mit dem Unbegrenzten

Meine Trauer, gar niemals ihr Ende findet, vielleicht kein Ende hat

Auch wenn ich sie nicht spüre, in meiner Welt dünne Fäden webt

Grundbaustein seit Niederkunft, meiner irdisch Existenz sie ist

Getrennt sein, sie benennt sekündlich, zur Heimkehr mich ruft

Nur im Jetzt, in Verbundenheit mit allem, ich ihrem Weh entrinne

Dann, wenn die Ewigkeit ins Augenblicklich mündet, ich Trug-
schluss des Getrenntseins erkenne, dein Gesicht erblickend

Die Zeit ist Erfindung, um die Unendlichkeit zu bändigen

Gewiss mit rechtens, für Wandel, Wachstum, zur Verlebendigung

Auch um den Prozess des Lebens und Sterbens zu schenken

Letzt all Entstehen und Vergehen, ist der gut Zeit zu verdanken

Der Mensch, in allem masslos, wähnt sich einerseits als ewiglich

Und teilt gleichwohl, das Ganze in Zukunft und Vergangenheit

Erfindet Zeitstrukturen, um die Ewigkeit des Tages zu überstehen

Drei Mahlzeiten teilen Vierundzwanzig Stunden, in lieb Häppchen

Zwischen zwei Zigaretten, ist die ihm Langeweile überschaubar

Jed Ablenkung ist willkommen, die Zeit ist ihm unberechenbar

Die Zeit ist ihm letzt ein natürlich Feind geworden

Zeit, stiehlt ihm Sekunden, Stunden, stiehlt ihm letzt das Leben

So ist sein ganzer Tag nur Zeitvertreib, er wehrt dem Vergehen

Er lässt die Todeszeit nicht kommen, den Sterbenden nicht gehen

Gefühle sind den Winden gleich, bewegend das Gemüte

Gefühlswinde, umwehend, das lose Kleide des Menschen sein

Sie bewegen uns sanft oder gar orkanisch, kommen und gehen

Sodann wir in diesem bewegt sein sehen, wo wir wirklich stehen

Mit einem Bein wir stets, hier im Weltlichen uns befinden

Unser Sein gewogen vom Alltäglichen hin und her

Das andere Bein steht ganz fest und davon unberührt

Denn mit jenem stehen wir von Liebe gehalten, in unserer wahren Heimat, verwurzelt im Hier und Jetzt

Oh nein, oh nein, Sinn im Verstande, macht die Liebe nicht

Der Verstand sucht stets Grund und Ziele, die Liebe tut das nicht

So ist und bleibt die Liebe stets zwecklos, folgt keinem Zwecke

Doch unter all den Zielen, verwebt sie sich selbst im Verstecke

In der Liebe, löst sich mühelos, alles Wollen und Fürchten auf

In der Liebe, bleibt nichts übrig, als letzt die Liebe selbst

Auf jeder Lebensreise stellt sich irgendwann die Frage

Vor was laufe ich weg und wohin wohl zielt mein Flüchten

Mündet mein stet Fliehen, tatsächlich in irgend ein Besseres

Oder ist es denn nicht nur, Flucht von Gefängnis zu Gefängnis

Renne ich weg vor der Vergangenheit, suche Heil im Zukünftigen

Flüchte aus dem Jetzt ins nächste, suche Flucht im Unendlichen

Wo ist meine wahre Heimat, kommt sie näher auf der Reise

Finde ich Ruh und Frieden, im Besten Sinne, angekommen im Augenblick daheim

Genieße den Sonnenschein, oh Mensch

Denn es sei versprochen, der Sturm wird kommen

Halte es wie das Bienlein unbesorgt, labe dich am Blütenstaube

Jenes welch ist im nächst Momente, gebannt vom Regengusse

Sei wie ein Kind, stets staunend, verschmolzen mit dem das ist

Dies mag Fülle schenken, in jedem Augenblick, auch wenn es der
Natürlichkeit Gange, stets wird wieder genommen

Die Zukunft von der wir träumten, ist längst vorbei

Die Vergangenheit nie vergangen, holt uns Alltäglich ein

Beide nur Fiktion, nicht wirklich existent im Hier und Jetzte

Bereiten uns Hölle, so wir den Himmel im Momente nicht sehen

Stets den Fokus gehalten, auf jene imaginäre Welten

Verpassen wir die Realität, die einzig und alleine im Jetzte lebt

So lassen wir sie zerbersten, die Gestern und Morgen Blase

Bleibt letzt dann zurück, ganz natürlich, der lebendig Augenblick

Wahrlich

Ich bin in Gott

Ich bin in der Liebe

Ich bin nahe dem Vater

Ich bin nahe der Mutter

Ich bin in der Fülle, bin in Verbundenheit mit allem

Ich bin in der Ganzheit, ganz Heil und in Stillung

Wahrlich, bei Gott, ich bin bereits Daheim

Warum nur, warum nur, dennoch das Leiden

Das Leben, vielleicht versteht man es erst nach dem Tode

Erst wenn Lebendiges gestorben, mag man es recht verstehen

Im Milchbottich im Innen, sieht man rundherum letzt nur milchig

Strampelnd wissen zu wollen, macht sie noch undurchsichtiger

Die Milch festigt sich, wird zur Sahne, ganz undurchdringlich

Noch weniger sehen, verstehen, ist möglich in diesem Verfahren

Erst wenn er entleert ist der Bottich, von Milch und von Sahne

Offenbart er in Durchsichtigkeit, was wirklich in ihm war und ist

Fraglos, wenn der Schuh drückt, fragt man den Schuster

Wenn der Magen sich meldet, geht man zum Bäckersmann

So der Hafer nicht recht gedeihen will, so steht der Bauer zu rate

Ein weher Zeh gewiss, findet sein Heil beim Doktore am besten

Jeder Ruf, jed Frage, hat somit seinen Ansprechpartner natürlich

So wär es wohl auch angebracht in Fragen der Liebe, zur Liebe zu
gehen und ohnehin, ist nicht die Frage der Liebe Alles

Schmerz und Leid, oft ein Einheitsbrei diffus und bitter

Verwoben sind sie beide miteinand, erscheinen gerad als Eines

Doch den Schmerz angenommen, mag sich das Leid entfernen

Kommt man zu sich, nahe dem Peine, zieht das Leid ins Ferne

Sodann kann man sehen, das Beide sich eigentlich Fremde sind

Der Schmerz natürlich zum Leben gehört, das Leid sich freiwillig
an ihn bindet

Ein ausgetreten Pfad, der geht sich ohne Zweifel leichter

Ein Weg der bereits gegangen, birgt geringeren Widerstand

Erbittet sei, von jenen die Nachgehen, der Nachkommenschaft

Ein Dank für Jene die eins vorangeschritten, im Fortschritt Mut

Dem der prescht voran durch unbekanntes Land, sei versichert

Niemand der hinter ihm folgend das Neue fand, kommt ihm nahe

Denn Wege des Voranschreitens, geht man stets einsam alleine

Einst mag man Gefährten finden, doch vom Ziel das der Vorausgehende nicht kennt, weiß er als der Einzige

Manch einer sucht Beruhigung, im Wissen des Warum

Sucht den kalten Frieden, in der Geborgenheit des Verstehens

Wenn er alles versteht und weiß, mag Sicherheit ihm geschenkt

So hofft er im Wahne, jagt dem Wissen wie besessen hinterher

Der Prinzessin gleich, die denkt, wenn die Sonne täglich scheint

Kann sie täglich Sommer Kleider tragen, ist somit ewig glücklich

Ist es vergessen, der Verstand ist nur ein Diener nicht der König

Und Glückseligkeit und Frieden sind nicht im Haben, eher doch im Sein zuhause

Ich habe Urvertrauen verloren, hinein geboren in diese Welt

Das Vertrauen vermisse ich gewiss und suche es im Überall

Im Wissen, im Verstehen, überall suche ich befriedend Halt

In der Natur, im Menschen letzt, suche ich ersehntes Vertrauen

In allem suche ich das Verlorene, Erlösendes das mich hält

Doch nichts im Außen gewährt mir Sicherheit die ich erwähne

So scheint es, erst wenn ich all mein Wollen in mir sterben lasse

Finde ich den erwünschten Frieden, geborgen in der großen Mutter Leere

Ein Kälblein schlau, Erfurcht zitternd, seine Herde bestaunt

Tausende ihn überragen in Größe, er recht allein im Hörnerwalde

In der Ferne er sieht, das Rind das Leitende, größer noch als alle

Mächtig es sich wähnt, nicht ahnend, Schlauheit des Kleinen

Das Kälblein, Kind des Wissens, längst ahnt die falsche Richtung

Ungehört warnend Schreie, die Herde weiter ins Verderben geht

Es drängelt, fleht und bittet, verleiht seinem Wissen allen Raume

Nur an führend Spitze zu gelangen, ist dem Kalbe gar unmöglich

So laufen sie erblindet, vor seinen Augen offen, stur in den Tod

Ihm, dem Kälblein machtlos, bleibt letzt nur die Annahme, wohl das Schlauste, das es je fand

Ich sehe die Ideen tanzen, ungeformt in eigen geistig Welt

Spiralförmig gehend ins Innen, suchen ihren Weg ins Manifeste

Sie sammeln sich im Punkte, wo unsichtbar auf sichtbar trifft

Die Spirale sich trichternd ins Außen wendet, Ideen zu gebären

Nach außen in Gestalt, der Punkt zur Linie, zur Form erwächst

Aus dem keimend Punkt, die Ideen zum manifest Leben erweckt

Zwei Trichter, zwei Spiralen, sich nahe an ihren Spitzen treffen

Bündelnd und verdichtend, das Geistige ins Materielle spiegeln

Die Ideen nun in irdisch Welt gespiegelt, zum Erdenen werden

Sich nun als Materielles gestalten, bis die Idee geboren und ins Gänzliche erwachsen ist

Eigentümlich ist des Menschen Erfahrung, einzigartig gar

Ein jeder kann Dinge von zwei Seiten sehen, sieht was er will

Hat ein Bäcker beispielsweise, zehn Brötchen in vielen Größen

Ist wohl eines klar, nicht jeder Käufer bekommt die gleiche Größ'

Gibt er jedem das gerade Größte, fühlt jeder sich als Größter

Gibt er jedem das jeweilig Kleinste, so fühlt jeder sich betrogen

Den Lohn den letzt der Bäcker erhält, ist Selbiger für das Ganze

Doch ob er Lob oder Unmut erntet, entscheidet wohl Arrangement
und Sichtweise, welch Magie

Die Zukunft, ist niemals erlebbar, nicht hier noch irgendwann

Im Nachhinein mag man wohl erahnen, es gab sie fürwahr

In Voraussicht, mag man mutmaßen gewiss, das sie kommt

Wir glauben das sie lebt, auch wenn das Jetzt sie niemals trifft

So existieren tut sie nur in den Köpfen, in der Wirklichkeit nicht

Wir erwarten oder befürchten sie, ohne ihr jemals zu begegnen

Denn jede Sekunde, die wir nennen, die Nächste, die Zukünftige

Zeigt sich uns nur als Gegenwart, nur als Jetzt in dem ich bin

Begegnen kann ich der Zukunft nicht, denn sie ist gar flüchtig

Ist auf der Flucht, vor dem realen Jetzt, dem Gegenwärtigen

So ist es kein Wunder, das niemand auf sie trifft im Körperlichen

Sie niemand Hautnah kennenlernt, Intimität mit ihr hegt, auch
wenn er unentwegt über sie Sinnen mag

Die Macht ist stets auf ihrer eignen Seite

Ob sie steht auf offener See, oder auf dem Lande

Sie bleibt sich treu nur selbst, frisst sich voll, nährt sich immerzu

Sie ist ein Nimmersatt, macht nie halt, auch nicht vor Leichen

Ohnmacht sieht der Macht Gebaren, unberührt an allen Ufern

Machtlosigkeit nennt sie ihr Eigentum, der Macht gegen überste-
hend kennt sie nur eine Antwort, ein demütig Verneigen

Vater Sonne, unbegrenzt, ewig und allmächtig

Wirst zum Funken Menschen, Allmacht gespendet

Machtlosigkeit du nun dein eigen nennst, selbst begrenzt

Ohnmacht du nun deine Heimat nennst, als Mensch auf Erden

So ein Funke, niemals getrennt, von seiner spendend Quelle ist

Geblieben ist, in sich die Sonne, sich erinnert seiner Größe

So strebt in Machtlosigkeit jeder Funke, zur Allmacht wissend

Strebt zur Macht, zur Größe, als Sohn vom Vater einst verliehen

Luziferisch jeder Funke so entzündet, sich Erleuchtung nähert

Unbewusst, bewusst, sich seiner inhärenten Allmacht erinnert

Nun, es gibt nur Gott alleine, alles ist aus ihm heraus entstanden

So ist das sogenannt Böse, geboren aus dem Guten, ist Genesis

Der Hass entsprungen aus der Liebe, Hochmut aus wahr Größe

Alles geboren, auf dem Weg des Funkens, zurück zur Sonne dem
ewig Lichte, Kriegerisches geht zurück zum ewigen Frieden

Ein Held erster Güte, ist gerufen gewiss, zu heroisch Taten

Eine Jungfrau möcht' gerettet sein, vom Ungetüm, dem Drachen

Eingetroffen am Orte des Schauspiels, hört er Zwielicht Dispute

Jungfrau und Drache, sind nicht jene, für die er sie hielt

Ungetüm, Leben nicht verdient, totgeboren wünsch ich mir dich

Sprach die Jungfrau verachtend gehässig, im vergiftet Zorne

Der Held erschrocken ob böser Worte, hinterfragt seine Mission

Retten soll ich diese Furie, was aller Drachen letzt zukünftig Tod

Nun hörte er den Drachen fauchen, möchte fressen das Ganze

Menschheit, hast nicht verdient auf Mutters Erde zu verweilen

Jene bitter Worte des Drachens, stachen dem Held ins Herzen

Er konnte kaum glauben, beider Hass, entschwunden die Liebe

So beschloss er, verdient meine Lebensmüh, habt ihr beide nicht

Eigen ist euer Krieg, von mir wed zu zähmen, noch zu beendigen

So suchte er nun das Weite, in Liebe gewählt, jed seiner Schritte

Eine Blume am Wegesrand seine Blicke fand, retten musste er sie
nicht, doch bestaunen

Der Mensch hat der Atome Fähigkeit gar gleichsam

Auch er ist im besten Sinne, wie jed Atom mehrend spaltbar

So jed Atom freisetzt unermesslich, Energien in der Spaltung

Ist auch jed Mensch fähig offenbar, den Messias zu gebären

Denn berstet er alle Hüllen auf, wird gespalten bis ins Innerste

Öffnet sich ein Spalt im innersten Innen, aus dem geboren werden,
alles kann, fiat lux und es wurde Licht

Man möcht vermuten, Gott hat einen Lachkrampf unentwegt

Bei all dem Menschen Absurdum, muss er doch lächeln immerzu

Doch weit gefehlt, in seinem Mitgefühl ist Erfahrung grenzenlos

Sein Sein, ist dem menschlich Erfahrungsspektrum spiegelgleich

Er lächelt, weint und vieles mehr, lebt letzt in jed Sinneserfahrung

Erfährt sich selbst und den Menschen, durch all der Menschen
Menschlichkeit, wird geboren in all seinen Gefühlen

Oft kommt oft, kommt öfter

Wahrscheinliches wird wahrscheinlicher

So ist der Zukunft Gesicht, ein stets Berechenbares

Obschon, niemand weiß, ob Tränen oder Lachen folgt

Nun, Kommendes, kommt nicht geflogen vom Irgendwo

Es hat Ursprung, hat auch Richtung gewiss, doch in Guss gegossen
Formen hat es nicht

Ich bin die Tür, dein Tor, offen nach beiden Seiten

Du trittst hindurch ganz einzig, allein du mein Vater

So steht mein Ego dir im Wege, nimm bloße es hinweg

Trotze meinem Wollen und Fürchten, gehe zu, hindurch

Du durchschreitest mich, gehst von hüben nach drüben

So geschieht zweifellos letzt, alles nur in deinem Sinne

Aus geistig Welt, fließt geistig Gut, in Welten Leib hinein

Diesseits vergossen Blut, ins Leiblose strömt Es zurück

Von Innen gebärst du dich, in die Außenwelt durch mich

Dein Atem gebiert die Welt, und durch mein Ausatmen in deinen
heilig Schoß hinein, findet er den Weg zurück

Zu wissen, das man nichts weiß

Ist gewiss, bereits ein hohes Gut an Wissen

Zu bemerken, das man noch weniger weiß, als dieses

Heißt letzt ein Zugewinn an heilig Gütern des Wissens

Weniger an Wissen, erschafft hier die formlos Weisheit

Wissenschaft des Ungewissen, alles wissend, das Wissen unbedeutend macht

Ein Mann betritt die Kirche, im frommen Gewande

Vor dem Marienaltar rastend, entzündet er eine Kerze

Ein Taler kostet Selbige, steht geschrieben, er gibt zwei

Er möchte nicht das Gott denken mag, das er geizig sei

Denn, geizige Menschen kommen nicht in den Himmel

Weiss jedermann, so zeigt der Geizige Sparsamkeit an

Ein anderer Mann daneben, zahlt gehorsam seinen Zoll

Er fragt im Stillen, wohin der Taler wohl rollen will

Mag der Taler sich wiederfinden, im Bauch des Pfaffen

Oder oh Wunder, füllen den Bauch eines Hungernden

Ein Dritter gesellt sich zu ihnen, kniend Nase am Boden

Steckt halben Taler, in den kleinen hungrig Schlitz

Gott wird es vergelten, er seine Armut verherrlicht

Was interessiert ihn, des Pfaffen Gewinn oder Verlust

Ich zünde die Kerze an im Namen des Herrn

Des Armen Arroganz aus ihm mit großem Stolze spricht

Gott weiss gewiss, ich bin der Ungerechtigkeit Knecht

Besitze Armen Recht, will mich ein Ungläubiger hindern

Ein kleines Kind sodann, tritt heran an die Dreien

Zündet eine Kerze an, frohen Herzens, Herz erhellend

Nimmt, ohne an Bezahlung, Gedanken zu verschwenden

Gibt, Licht liebvoll verschwendend, der Unschuld Wille

Oh wie schön das Kerzenlicht doch ist, es denkt

Und folgt seinem Bedürfnis, selbst eines zu entzünden

So, zuletzt ist er wohl einerlei, des Talers Wert hierbei

Der Lohn kommt von Gottes lieben Händen und wird sich am Ende
auch darin wieder finden

Trage nichts auf dem Herzen, denn einzig das Jetzt

Und sei dir gewahr, das Jetzt ist gewichtslos gewiss

Alles von Schwere, ist gar Ballast von unnötiger Weise

Ausgespart die Schwerkraft, deren Dienste unbezweifelt

Zu lange schon, tragen wir auf Schultern uralt Last

Vergangen Schwere, die sich mit neuem gern verbündet

Ein Schmerz, eine Trauer gar, die nie wurden entlassen

Niemals überwunden Schwere, die als Bürde uns blieb

Wenn als Altlasten wir erkannt, die ungelöst Traumaten

Sind wir bereit, das jene Schwere in Liebe verbrennt

Von Liebe, wird uns diese Last von Schultern genommen

Durch seelisch Erkenntnis, ausatmend Antwort, sinkt ertragend
Schulter erleichtert danieder

Du

Durchschaust mich

Du, durchwebst mich

Du, durchschreitest mich

Du, durchlebst mich

Du

Erfährst mich

Du, durchläufst mich

Du, durchdringst mich

Du, durchwirkst mich

Du

Durchleuchtest mich

Du, bezeugst mich

Du, beweist mich

Du, du bewahrst mich in einem Ich

Unwissenheit und Angst, welch tyrannisch Kollegium

In innig Gemeinschaft, furchteinflössend Freundespaar

In ihrer Anwesenheit ist alles möglich, gar Unmögliches

In ihrer Nähe, findet gar die Hölle ihren Gefrierpunkt

Ist Mensch von ihnen beraten, ist Kontrolle das Regime

Von ihnen besessen allerdings, bleibt für die Menschheit nur das Fallen in der Bestie Schlund als letztes Ziel

Der Ursicherheit Grund, des Urvertrauens Recht

Ihre Berechtigung gar, ist in der Dreifaltigkeit zu finden

In einer Falte verborgen, ist das Wissen vom ewig Leben

Die Gewissheit, das Leben nicht wahrhaft bedroht sei

In der entzweiend Faltung entdeckt, gar pur Gegensatz

Wohl das die Erde ein Ort, der unentwegt Bedrohung ist

So hingegeben, dem Absurdum, sich letzt Wahrheit zeigt

Sich in uns Raum entfaltet, der trotz vergänglich Unsicherheit, Sicherheit in der Ewigkeit weiß

Alles ist richtig, wie es ist, Vollkommenheit in sich

Ist gar der Freiheit lieb Einladung, zur freien Erfahrung

Auch ich bin, eben wie ich bin, richtig ganz und gar

Im Ganzen, im Teile, richtig und begabt der freien Wahl

Durch meine Hingabe, auch durch meine Wehr einerlei

Stets vollzieht sich Vereinigung mit göttlich Geschenk

So bezeuge ich bewusst oder unbewusst das Vereinen

Göttliche Hochzeit, die fortan geschieht und geschieht

Einerlei wie sich zeigen mag, Gesicht des Geschehens

Es geschieht, was geschieht, damit geschehen kann, was geschehen muss

Die Unfähigkeit gerade, für das gesellschaftlich Leben

Ist meine größt Fähigkeit, für mein heilig lebend Sein

Mein Unvermögen, in dieser erkaltet Welt zu existieren

Hat in sich wohl verborgen, Talent mich selbst zu finden

Geschicklichkeit die fehlt, sich im Sozialen zu binden

Eignet sich bestens, um den mystisch Pfad zu erkunden

So ist oftmals, was vordergründig erscheint als Mangel

Eine Fülle, deren Inhalt sich, als alles was man braucht, sich zeigt

Man kann sich nicht fortbilden, lernen noch üben

Vom jetzig Ist, führt kein Weg, ins morgig, wäre ich gern

Des Istzustands Tabu, gibt kein Ausweg ins Erwünschte

So bleibt uns wohl zuletzt, nur das Jetzt zu praktizieren

Denn man kann nicht können, was man nicht kann

Nur dies, was wir bereits sind, können wir gerade sein

So bleibt nichts zu tun, allein das so Sein, ist uns eigen

Erinnern mögen wir uns vielleicht, wer wir wirklich sind

Gott, atmet aus sich heraus im Nu, die Schöpfung

Atmet die Welt aus, in groß Zuneigung, aus sich hinaus

In tiefen Zügen der Einatmung, sagt er, du bist mein
Durchs Vergehen, nimmt er einatmend all in sich zurück

Brahman, atmet aus den Atman, den großen heilig Atem
Der Odem Gottes, der sich in uns allen, pulsierend zeigt und lebt

Hoffnung, kann man nicht aufgeben, als des Willen Akt

Nur verlieren kann man sie, gewiss, von der Realität verbannt
So fraglos, Hoffnung die man verlieren kann, ist eine Blase
Erschaffen zur Beruhigung, berstend beim Anblick des Realen
Denn hat die Hoffnungslosigkeit erst rechtens Einzug gehalten
Mag man dem Trug nicht mehr folgen, erlöst ist die Täuschung

So ist die Hoffnungslosigkeit, größt Resultat des Loslassens
Und umgekehrt, das Loslassen ist der Hoffnungslosigkeit Erleichterung schenkend heilige Pflicht

Gottes Wege sind unergründlich

Höret, oh Völker, ich bin der Zeuge

Man mag geradeaus gehen, direkt auf das anvisiert Ziele hin

Dennoch gibt es keine Ankunft, man findet sich gar im Irren

Anderseits läuft man vielleicht im Kreise, oder gegen die Wand

Und urplötzlich ist man angelangt, an einem Ziel, unbenannt

Mag unser Wünschen und Fürchten, sein in Enge, in Richtung

Einerlei, was wir tun, oder nicht können, der unsichtbar Pfad Gottes, führt zweifellos in unsere Wahrheit hinein